国語授業の改革22

「深い学び」を生み出す国語授業の発問・助言・学習課題

指導言の切れ味が国語の学びの質を決める

「読み」の授業研究会 編

学文社

はじめに

学習指導要領では「主体的・対話的で深い学び」の実現に向けた授業改善が重視され、国語科では「言葉による見方・考え方」を鍛えるべきことが示されています。その実現には、質の高い教材研究力や目標設定力が必要ですが、同時に切れ味のある授業構築力が求められます。その中心の一つとなるのが、「指導言」です。指導言は、学習課題、発問、助言などを含む教師が授業で発する言葉のすべてです。「言葉による見方・考え方」という知識・技能を超えた高次の国語の学力を育てるには、周到に準備された指導言が必要です。

そこで、本号では「『深い学び』を生み出す国語授業の発問・助言・学習課題」を特集しました。どのような「学習課題」が質の高い探究を生み出すのか。どのような「発問」が多様で深い思考・対話を生み出すのか。どのような「助言」が主体的な思考を生み出すのかについて解明しました。

第Ⅰ章では、阿部の論考に続き物語・小説、古典、説明文・論説文について、どうすれば質の高い指導言が構築できるかを提案しました。「おおきなかぶ」「握手」「すがたをかえる大豆」などを使っての提案です。第Ⅱ章では、「助言」「学習課題」「振り返り」「グループ学習」「授業ルール」の方法を示しました。第Ⅲ章では、詩「春」（安西冬衛）の授業記録を提示し検討しました。そして第Ⅳ章では、気鋭の研究者にさまざまな角度から「国語授業で『深い学び』を生み出すための指導言と授業づくり」について論じていただきました。

『国語授業の改革』には、その名のとおり国語の授業を改革するための切り口がたくさんあります。多くの先生方、研究者の方々に読んでいただき、ご意見・ご批判をいただきたいと思います。

二〇二三年八月

「読み」の授業研究会 代表　阿部　昇（秋田大学名誉教授）

目次

Ⅵ　連載・教材研究のポイント

【問題提起】

1 「主体的・対話的で深い学び」を生み出す国語科の発問・助言・学習課題
――指導言の精度を高め質の高い国語の授業を実現する

阿部 昇（秋田大学名誉教授）

1 質の高い「指導言」を創り出すことの重要性

「指導言」とは、授業の中で教師が発するすべての言葉のことである。教師の発問、助言、指示、説明などを含む。授業の方向を決める学習課題も指導言である。

全国で国語の授業を見る機会がかなりある。その際に「この助言を打っていれば子どもは新しい考えを生み出せたのに」とか「あそこで教師のゆさぶりがあれば子どもの思考はもっと豊かになった」とか「学習課題が曖昧で何を解明するのかが見えない」などと思うことが多い。解明の方向が明快な学習課題を創り出す方法論がない。深い学びを促す質の高いゆさぶりを創り出す方法論がない。子ども一人一人が主体的に考えるための切れ味のある助言を創り出す方法論がないと痛感する。

それでも学習課題などはある程度まで意識されるのかもしれないが、助言についてはあまり意識されない。助言が指導案に書かれることも少ない。だから多くの場合、助言はアドリブで打たれる。助言など指導言の質を上げるための検討をもっと丁寧に行う必要がある。

課題解決重視の探究型の授業が求められる今だからこそ、その必要性は高い。子どもの主体的な学びを保障するためにも豊かな対話を実現するためにも深い学びを生み出すためにも、指導言の質の高さが必要となる。

本稿では学習課題、発問、助言など指導言について機能と形態の観点から検討する。それにより切れ味のある指導言の姿と構築方法を明らかにしたい。国語科について考えるが、教科教育全体も視野に入れつつ論じる。

2 「指導言」の用語を再検討しそれぞれの役割を解明する

授業を論じる際に「発問」「助言」「指示」等の用語があったが、これまでそれらが十分整理されることなく使われてきた。そのため指導言についての混乱が生まれ、それを高めるための検討が遅れてきた。

そこで指導言をまず「A 機能」と「B 形態」に分類する。その上で各々の構造を考えることで、指導言構築の筋道が見えてくる。特に助言の役割を焦点化できる。

下段のとおり指導言の「機能」と「形態」を提案する。「A 機能」の下位に、「a 柱の指導言」と「b 支える指導言」を位置づける。探究の大きな方向を示す学習課題や探究を総括し学びの方法を示す教科内容提示などが「柱の指導言」であり、それらへの助言が「支える指導言」である。

その上で「B 形態」の下位に「a 発問」「b 指示」「c 説明」を位置づける。「柱の指導言」「支える指導言」いずれについても、発問、指示、説明という形態を取りうる。[1] たとえば「支える指導言」は「それと似た言葉が『はじめ』のどこかになかった?」と発問の形を取ることもあれば、「それは繰り返しということだね」と説明の形を取ることもある。

指導言のA機能とB形態

- A 機能
  - a 柱の指導言＝①学習課題 ②小課題 ③教科内容提示
  - b 支える指導言＝④助言
    - i 方法を教える助言
    - ii 促し評価する助言
- B 形態
  - a 発問
  - b 指示
  - c 説明

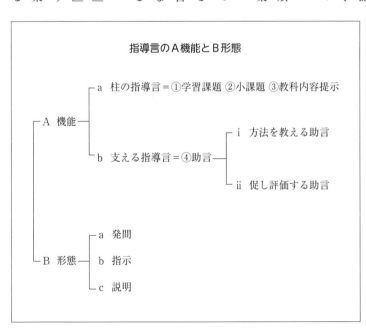

(1) 指導言を「A 機能」から捉える
―「柱の指導言」と「支える指導言」

まず指導言を「A 機能」という観点から捉えていく。「柱の指導言」には、授業全体の探究の方向を示す「学習課題」と、学習課題探究のための下位の学習の方向を示す「小課題」がある。[2] また、探究を意味づけつつ教科内容（読む方法）を提示するが、それも「柱の指導言」である。「支える指導言」は、すなわち「助言」である。

それら指導言の機能を図にしたのが下段の図である。

① 柱の指導言（学習課題・小課題・教科内容提示）

「学習課題」には、たとえば次のようなものがある。[3]

「なぜかえるくんとがまくんは内容を知っているお手紙を四日も待ったの？」（「お手紙」A＝ローベル・小2）

「この物語のクライマックスはどこか見つけ出そう」（「ごんぎつね」新美南吉・小4）

「大豆の説明の仕方の順序の秘密を解き明かそう」（「すがたをかえる大豆」国分牧衛・小3）

「本論2の筆者の主張に納得できるかできないか吟味しよう」（「作られた『物語』を超えて」山極寿一・中3）

指導言の「A 機能」

※①～③が柱の指導言、④が支える指導言

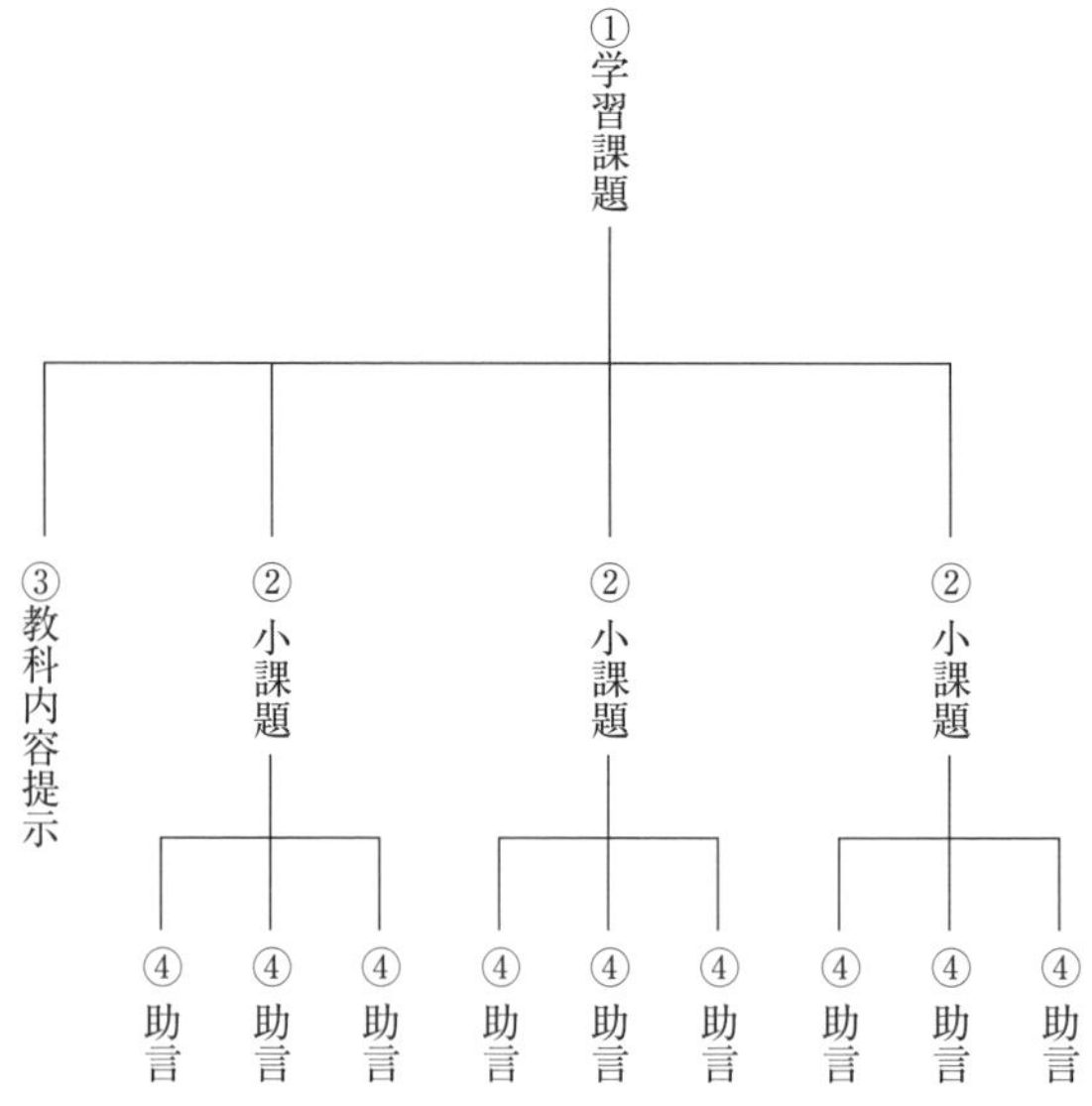

学習課題は通常四五分・五〇分の一コマの授業の探究の方向を示すが、二コマ以上を使って探究する学習課題もある。これらとは別に単元全体の方向を示す課題を設定することがあるが、ここではそれは取り上げない。

学習課題を解決することが、その時間の探究の目的となる。学習課題は、「めあて」と言われることもある。

学習課題の構築では、次の四つがポイントとなる。

①子どもが主体的に学習に向かっていこうと思えるような喜びや手応えを感じられるものであること。

②それによって子どもの中に抵抗感、揺れ・迷い、葛藤などが生まれるものであること。

③抵抗、揺れ・迷い、葛藤などを話し合いや討論で検討する中で、新たな発見が生まれるものであること。

④それへの探究過程で子どもに質の高い教科の認識方法が身につくものであること。（読みの授業だと「読む方法」）

学習課題で探究の大きな方向を示し、そのまま直接課題を探究する場合もあるが、段階を設けて探究する場合も多い。「走れメロス」（太宰治・中2）の授業で「メロスの人物設定の秘密を解き明かそう」という学習課題を設定したとき、すぐに「秘密」を考えることもあるが、まず作品本文のどこから人物像が読めるかを考える過程を設ける方が効果的な場合がある。「メロスの大事な人物像が読める語句を見つけよう」などと指示する。その上で見つけた語句を読み深める。また「だとしたら私たちにとって手紙ってどういうものかを考えてみたらいいね」など、それまでの読みを生かしながら作品の題名にこだわることを指示することもある（「お手紙」）。これらは学習課題探究のために読みの方向を示す「小課題」提示である。これも「柱の指導言」である。

「柱の指導言」として、もう一つ「教科内容提示」がある。探究によって生まれた多様な解決を節目や授業の終末で整理・総括しつつ、新たに学んだ教科内容を教師が提示する。教材を読み深めるだけでこれがないと次につながらない。子どもの学力とならない。読みの授業であれば本時で使った「読む方法」をメタ的に提示する。

たとえば物語・小説では「今日はクライマックスが展開部の事件と深くつながることを発見したね。こういうところを『伏線』と言います。」などと提示する。論説文では「筆者の主張の吟味では『筆者の事例の取捨選択に着目する』という方法を使ったね」などと提示する。

② 支える指導言（助言）

次は「支える指導言」である。「柱の指導言」を支え、子どもの探究を丁寧に援助していく指導言である。

「ごんぎつね」のクライマックスを追究していくと、「兵十は立ち上がって、～ごんを、ドンとうちました。」という箇所と「ごん、おまいだったのか、いつも、くりをくれたのは。」という箇所で討論になる。いずれも事件の大きな転換であり、読者へのアピールの度合いも高く、議論が膠着状態になる。その際に「みんなは山場だけ見てるけど、事件の最大の転換点なんだからまだ見るべきところがあるんじゃないかな」と助言すること。それをきっかけに、子どもは展開部に戻って事件を大きく捉え直すことができるようになる。子どもはこの物語が「ごんの兵十に対する見方」と「兵十のごんに対する見方」によって成り立っていることに気づき出す。

「助言」は、ただのヒントではない。そこに教科の認識方法が埋め込まれている。国語の読みの授業だと「読む方法」が含まれている。助言という指導言によって読む方法を指導しているのである。だから教師自身が読む方法を意識化する必要がある。

「『ひとりぼっちの小ぎつね』は『子ぎつね』でもいいよね。『小ぎつね』と『子ぎつね』どう違う？」（「ごんぎつね」）「『その王の顔は蒼白で』でも『その王の顔は青白く』でも意味は同じだね。でも何か違うね」（「走れメロス」）などの助言は、物語・小説の表現の特徴を別の表現と比べて読むという「差異性」を生かした読む方法である。「『ぼくが、目になろう。』は物語の前半とつながっていない？」（「スイミー」レオ＝レオニ・小２）などの助言は、クライマックスに収斂される「伏線」に着目するという読む方法を生かした助言である。「伏線とクライマックス」という関係で物語・小説を読むと構造が鮮やかに見えてくる。

「問いがあるから『序論』という意見だけど、『問い』があるということは…？　そう『答え』があるはずだね。それはどこ？」「『問い』と『答え』の対応が大事って勉強したね。それを応用してみたら」などは、説明的文章の構造を「問い」と「答え」の対応に着目しながら読むという方法を含んでいる。「学習課題」も「小課題」も「読む方法」を含むが、「助言」にこそ読む方法が含まれていることを意識することが重要である。

ただし、助言には直接「読む方法」を示唆するものだけでなく、子どもを励まし促し評価するものもある。「なるほど」「すごい」「そこに気づいたのはさすが」など評価する助言もある。また「だとすると、もっと読めそうだね」「まだ読めると思うな」「それだけしか読めない？」「それってさっきの意見とどうつながる？」など励まし促す助言もある。これらは直接「読む方法」を示唆するものではないが、授業では大切な役割をもつ。

(2) 指導言を「B 形態」から捉える
―「発問」「指示」「説明」

指導言を「B 形態」という観点から捉えることにも意味がある。「a 発問」「b 指示」「c 説明」の三つの形態である。右で述べた「A 機能」の「a 柱の指導言」も「b 支える指導言」も、「a 発問」の形態、「b 指示」の形態、「c 説明」の形態いずれもがある。

「a 発問」は、文字どおり問いを発すること、子どもに質問する形をとりながら読みを指導していくものである。詩「春」（安西冬衛）で「『てふてふ』って書いてあるのと『蝶々』って書いてあるのとどう違う？」と助言するのが発問である。「b 指示」は、何々をしなさいなどと子どもの行動・思考を促すものである。「『てふてふ』と『蝶々』とではどう違うか、ノートに二つ以上書きなさい」などである。「c 説明」は、教師が思考の前提となる知識を与えたり、意味づけたりするものである。「そう『てふてふ』はひらがな表記だから『蝶々』に比べてより柔らかい印象を与えるんだね」などである。

「発問」も「指示」も子どもの思考を促すという点では同じである。「発問」という形で直接子どもの思考に働きかけるか、「指示」という形で子どもに行動を促しながら思考を展開させるかの違いである。「説明」は、教師の一方向の行為だが、ただ教えるというだけでなく、子どもの読みを創造的に意味づける役割をもつ。

三つの形態が組み合わさることで効果を発揮する。「説明」だけの授業では困るが、前提となる知識を示したり既に学んだ「読む方法」を振り返ったり、要所要所で教師が学習内容を整理したりする場合は、ぜひ「説明」が必要である。授業の計画を立てる際に、どこで「発問」の形態を使い、どこで「指示」の形態を使い、どこで「説明」の形態を使うかを、意識することが大切である。

3　「主体的な学び」を保障する鍵は「助言」にある

「主体的・対話的で深い学び」を授業で実現すべきことが重視されている。その中の特に「主体的な学び」の実現には二つの要件が求められ、その二つともに「助言」が深くかかわる。

要件は次の二つである。

(1)授業の学習過程・探究過程における主体的な学びの実現

(2)子どもが学びの主体となるための教科の認識方法の獲得（読みの授業だと「読む方法」の獲得）

(1)　授業の学習過程における主体的な学びの実現

今、「対話的な学び」が重視され、グループの話し合いや学級の話し合いを重視する授業が増えてきている。学習課題についてグループで話し合う、学級全体で話し合う、それ自体はたいへん望ましいことである。

しかし、たとえばグループや学級全体で話し合うことで、結果として子どもの主体性が奪われることもある。すべての子どもがグループや学級の話し合いの前に自分なりの仮説をもてている場合はよいのだが、自分なりの仮説をまだもてていない子どもがいる段階で話し合いに入ると、早く理解し早く自分の仮説をもてている子どもが、まだ仮説をもてていない子どもに一方的に仮説を知らせるないしは教える「話し合い」になる可能性が極めて高い。つまり、発見や創造を生み出すはずのグループや学級の対話が、かえって一人一人の子どもの主体的な学びを阻害してしまう場合があるということである。

まだ仮説をもつことができていない子どもにとっては、話し合いによって主体的に思考する権利を奪われていることになる。子どもたちがグループや学級で話し合いながら新しい発見を生み出した場合、一見するとそれは子どもみんなのものであるかのように見えるが、実際は一部の子どもの発見であることがある。

こういう状況にならないようにするためには、グループや学級の話し合いの前に、子ども一人一人が自力で思考する機会「自力思考」の時間を保障する必要がある。

ただし、仮に自力思考の時間を保障したとしても、教師の助言がないとどう思考したらよいかわからないの子どもがいた場合、ただ時間だけが過ぎていくということになる。だから、教師は自力思考の際に、糸口が見つけられない子どもに丁寧に助言を打つ必要がある。自力思考で教師の助言があるかないかが、子どもの主体的学びを保障するかどうかの分かれ道になる。

「ちいちゃんのかげおくり」（あまんきみこ・小3）のクライマックスは、次のとおりである。

> 夏のはじめのある朝、こうして、小さな女の子の命が、空にきえました。

ここでは、ちいちゃんの死という大きな転換が読めるが、特に「小さな女の子」に着目することが大切である。これまで語り手は「ちいちゃん」と呼んできた。しかし、ここだけ「小さな女の子」になっている。提喩という技法だがこの表現の意味を子どもに気づかせることが求められる。同時に「空にきえました」にも着目させたい。こちらは隠喩である。はじめからある程度読める子どももいるが、どう考えどう読んだらよいかわからない子どももいる。そのために切れ味のある助言が必要となる。

たとえば「ここは『夏のはじめのある朝、こうして、ちいちゃんが死にました。』でも意味は同じだね。でも何か違うよね」「『ちいちゃん』と呼ぶのと『小さな女の子』と呼ぶのとどう違う?」「語り手・読み手とちいちゃんのとの距離は遠くなる?近くなる?」などの助言を打つ。それにより少しずつ子どもは読みを深めていく。

(2) 学びの主体となるための教科の認識方法の獲得

主体的な学びの保障は授業過程での主体的な学びだけではない。子どもが少しずつ自力で思考できるようにすることによって、子どもの主体性を高めていくという指導が求められる。教師が学習課題や小課題、助言で指導することは必要であるにしても、いつまでも教師の指導言を待っているだけという状態を相対的に減らしていくということである。そのために、思考するための教科の認識方法を子どもに身につけさせていく必要がある。

ただ学習を積み重ねさせるだけでなく、教科の認識方法を系統的に子どもに獲得させていく（「総合」などでは汎教科の認識方法も含む）。読みの授業では高度な「読む方法」を系統的に子どもに獲得させていく。

いくら授業でその文章や作品を深く読むことができた

としても、それをとおして子どもが「読む方法」を身につけていないとしたら国語の授業としては失格である。本時（本単元）で新たに学んだ「読む方法」を意識させ、別の文章や作品で応用できるようにまでしていくことで初めて「国語の力がついた」といえる。だから、授業の節目や終末で新たに学んだ教科内容（読む方法）を教師が提示し確認することの意味は大きい。「柱の指導言」の「教科内容提示」である。このことを柴田義松は「師問児答から児問児答への授業観の転換」と述べた。[4]

たとえば物語・小説では、構造に着目し事件の流れを俯瞰することによって作品の仕掛け・特徴を見い出すこと、特にクライマックスに向かって仕掛けられている伏線に着目しながら作品の構造連関を見つけ出すこと、直喩・隠喩・換喩・提喩などのレトリックに着目して作品の表現の特徴をつかむことなどが「読む方法」であり教科内容である。説明的文章では、「はじめ・なか・おわり」の構造に着目し説明・論証の流れを俯瞰することによって文章の仕掛け・特徴を見い出すこと、柱の段落・柱の文に着目しサポートの段落・文との関係を捉え文章の論理の特徴を把握すること、「他の解釈の可能性があるのにそれを無視していないか」という観点で文章を吟味することなどが「読む方法」であり教科内容である。

4 「3×3の助言」を意識する

教師は「3×3の助言」を用意する必要がある。これらを意識することで指導の質が上がる。一つ目は「強い助言―中程度の助言―弱い助言」であり、二つ目は「個への助言―グループへの助言―全体への助言」である。

(1) 「強い助言―中程度の助言―弱い助言」

一つ目の「3」である。助言には「強い助言」「中程度の助言」「弱い助言」がある。これらは、きれいに線が引けるわけではない。実際にはグラデーションになっている。しかし、自分が打つ助言が強いのか弱いのか中間なのかを意識して使い分けることが大切である。

強い助言は、子どもの思考をかなり強力にサポートする。「ごんぎつね」の授業で「二〇頁の九行目に『ちょっ、あんないたずらをしなけりゃよかった。』ってあるが、ここで兵十への見方がどう変化している？」などである。一見親切なようだが、これだと子ども自身が伏線を発見するという学びを教師が奪っていることになる。クライマックスにつながる伏線を子どもがこれから見つけようとしているのに、伏線の箇所を一方的に教えてしまっている。その上「ごんの兵十への見方の変化」が重要な意味をもつことも教えてしまっている。「兵十への見方がどう変化している？」と問えば「ごんの中で兵十に悪いことをしたと変わっている」と子どもは自動的に答えるが、それでは主体的に思考したとは言えない。

それに対し、たとえば「クライマックスを決めるには、山場ばかりを見ていないで展開部に戻ってみたら」「そこから何が読める？」などの弱い助言から始めれば、子ども自身が自力で思考・探究していくことができる。

助言はできるだけ弱いものから打つことが大切である。それでも子どもが思考できないときは、別の助言を打つ。弱い助言の組み合わせである。それでも学びが進まないときは中程度の助言を打つ。それでも子どもが歯が立たないときに限って強い助言を打つようにする。

教師は「善意」から探究が遅れている子どもについ強い助言を打ってしまうことがある。それで学級全体としては探究が進んでいるように見えるが、それは一人一人の子どもの主体的な学びを保障した探究とは言えない。

これまで「ゆれる発問は避けるべき」などと言われることがあった。「発問は子どもが揺れるものではなく、明快に答えられる具体的なものがよい」ということである。しかし、具体的な発問（助言）は明快に答えられるだけに、場合によっては「強い助言」になる場合がある。あえて子どもが迷う「ゆれる発問（助言）」を打つことで、子どもの主体的な思考が促されると考えることもできる。ただし、それだけで思考が進まない子どもには、さらに弱い助言を組み合わせていく必要がある。

思考がすぐに進まない子どもだけでなく、それなりに思考が進んでいる子どもの主体的な学びの保障にも助言は重要である。自分の仮説がもてていたとしても、一面的にしか教材を読んでいない場合がある。その際に「でも、２班の人は直前の『〜考えた。〜考えた。〜考えた。』の直後に『とつぜん、スイミーはさけんだ。』ってあるからAがクライマックスって言ってるよ。すごい発見だね。どうする？」などとBの意見の子どもに問いかける（「スイミー」）。それをきっかけに子どもは迷い始める。質の高い迷いである。子どもは、AとBとを別の観点から再び読み始める。「ゆさぶり助言」である。

これはむしろ「強い助言」である。ただし、子どもの思考を多面的に展開させるための助言だから難しい助言でもある。こういう難しさを伴う場合は強くてもよい。「2段落で『さやの中に、二つか三つのたねが入っています。』って詳しく説明している。だったら2段落からが（「はじめ・なか・おわり」の）『なか』とも考えられない？」などあえて子どもの中に分裂を生み出す助言は「難しい助言」である。（「すがたをかえる大豆」）その分裂を乗り越える中で子どもは高次の発見をする。

また、クライマックスがどこかを追究しているときに「山場だけでなく展開部などの前の部分からも根拠を見つけたらどうかな」などと、あえて打つ助言もある。これは「クライマックスと伏線を関連させて読む」ことを学ばせることをねらっている授業で打つ助言である。いつ打つかは別として、取り立てて積極的に打つ助言もある。

これらの助言は、授業の前に準備しておく。弱い助言・中程度の助言・強い助言それぞれ一定の数を準備する。そして、授業展開に応じそこから選んで助言を打つ。だから準備した助言のかなりを捨てる場合もある。それでよいのである。（研究授業はもちろんだが、普段の授業でも自力思考や授業の「飛躍点」（その授業で最も子どもが飛躍する過程）にかかわる助言は周到に準備する。）

これは、教師が子どもの読みの方向・思考の方向を示唆し援助する助言についても、子どもの発言に対応して打つ助言・切り返しの助言についても同様である。後者はアドリブで対応するしかないと思われがちだが、そんなことはない。子どもの読みや発言を事前に予測することで対応の助言・切り返しの助言も十分に準備できる。

とは言え、教師の予想を超える子どもの読みや発言が生まれることもある。子どもに読む力がついてくると、そうなることが多くなる。それは望ましいことでもある。その場合は確かにアドリブなのだが、事前に助言を多様に準備してあれば、そして教材研究の質が高ければ多くの場合対応できる。そういう場合は、授業の計画を一部組み替えなければならないこともある。

(2)「個への助言—グループへの助言—全体への助言」

二つ目の「3」である。助言は、一人一人の子どもに打つもの、グループの対話の際に打つもの、学級全体に打つものがある。これらを使い分けることが大切である。

「個への助言」は、対話型・探究型授業では自力思考の場面で打つ。既に述べたようにその際にまずはうまく思考が進まない子どもから打っていく。

「グループへの助言」は、自力思考が終わり四人程度のグループで対話・話し合いをする際に打つ。これも、対話・話し合いがうまく進んでいないグループから打っていく。

逆に論議が進みすぎて、その後何を話し合ったらよいかわからなくなっているグループへの助言も必要となる。たとえば他のグループの話し合いの一部を伝えて、その意見について検討させるなどの助言もある。「5班は、それだと悲劇にならないと話していたよ。どう思う?」(「ごんぎつね」)などのように。

「全体への助言」の際に留意すべきは、ここまでの自力思考とグループの話し合いの際に教師が打った助言のいくつかを意識的に全体の対話の際に繰り返すことである。一人一人に打った助言や特定のグループに打った助言は全員は知らない。だから核となる助言は、全員が共有できるようにする。「核となる助言の共有化」である。

たとえば「『てふてふ』を『蝶々』と比べたので『てふてふ』の表現の特徴が見えたね」と説明する(「春」)。これは「表現の差異に着目する」という重要な「読む方法」だが、助言として打ったものを全員で共有する。

5 助言は教材研究過程をメタ的に振り返り構築する

読みの授業で質の高い助言を構築するためのポイントは、「助言をとおして読む方法を指導する」ということを教師が明確に意識することである。教師は「読む方法」を豊かに多様に体系的に把握しておく必要がある。それらの読む方法を助言に転化させていくのである。

とはいっても、そう簡単に豊かに多様に体系的に把握できるとは限らない。もう一つのポイントは、教師が自ら行った教材研究の過程をメタ的に振り返ることである。そこから読む方法を抽出し助言としていく。

深い教材研究ができたときに、結果を把握するだけでなく、どのような過程で自分がその教材研究を生み出したかを意識するのである。「読む方法」の意識化である。そこから質の高い助言を生み出せる。

「奥の細道(おくのほそみち)」(芭蕉)の「閑さや岩にしみ入《いる》蝉の声」の教材研究を「夏でたくさん蝉が鳴い

ているのにしずかとはどういうことか」という違和感から教材研究を始める。[5] 試行錯誤しつつ、音としてはうるさいが、心の中は落ち着いている、平安なのではないかと気づく。それはどうも「閑」という文字や、直前の文章「殊《ことに》清閑の地也」「佳景寂寞として心すみ行《ゆく》のみおぼゆ。」などからそう思ったことに気づく。確かに「閑」という言葉には「落ち着いていること」の意味がある。語り手の心はしずからしいことがわかる。辞書にも「清閑」は「俗事や世間に煩わされずに静かなこと。またその心境。」などとある。つまり「しずか」には、物理的なしずかさだけでなく心理的なしずかさという多義的な意味があるということである。また直前の文章との響き合い（文脈性）も重要であることがわかる。これらにはいずれも重要な「読む方法」が含まれる。

それにより、「何か漢字で気づくことはない？」「なぜ『静』を使わなかったのかな？」「直前の文章にヒントがありそうだね」などの助言を生み出すことができる。さらに授業の終末で「言葉の多義性」「文脈を意識しながら読む」などの「読む方法」を教科内容として提示できる。

「すがたをかえる大豆」の「はじめ・なか・おわり」の「なか」の説明の順序の工夫を見つけ出すという授業の場合も、教材研究の際に教師自身がどういう過程で深い読みに至ったかをメタ的に意識化することで、質の高い助言が生み出せる。「（「なか」は3～7段落だが）なぜ最もシンプルな調理の枝豆の説明が、最後の7段落にあるのか」という疑問から教材研究を始める。

7段落の①文と②文は次のようになっている。

> 7①これらの他に、とり入れる時期や育て方をくふうした食べ方もあります。②ダイズを、まだわかくてやわらかいうちにとり入れ、さやごとゆでて食べるのが、えだ豆です。
>
> （段落番号□文番号○は阿部による。）

「7段落が最後にあるのはなぜか」という第一印象から始まり、「7段落はこの説明では付け足し的なのではないか」と考え始める。「これらの他に」から始まること、それまでは調理・加工の説明だが7段落だけは「とり入れる時期や育て方のくふう」となっていることに気づく。さらにそれまで「大豆」という漢字表記だったものが、7段落だけ「ダイズ」というカタカナ表記に気づく。

ここから、たとえば助言として「2～7段落の説明で少し違うものはない？」「2～7段落をグループに分けることはできないかな？」「7段落だけ違う証拠は本文にある？」「2～6段落の説明と比べてみたら」「文字の使い方で何か気がつかない？」などが生み出せる。

6 「指導言」研究をもっと意識的に進める必要がある

対話を生かした探究型授業が重視され、高次の学力である「言葉による見方・考え方」を育てることが求められている今だからこそ、指導言を重視する必要がある。しかし、学校現場での指導言研究は不十分である。学習課題が探究の大きな方向を明確に示せていなかったり、助言がアドリブで打たれていたりという場合が多い。

それは国語科に限ったことではない。専門職として質の高い授業を構築するために指導言研究は必須である。

中でも助言が軽視されている。アドリブでなく、丁寧に指導言計画を立て、それを事前の共同研究で検討し精度を高める。指導案にも核となる助言は書き込む。子どもの発言に切り返す助言も、予測しておけば多くの場合対応できる。その上で授業に臨む。授業後も助言の質・切れ味を丁寧にリフレクトすることが大切である。(6)

注

(1) 大西忠治は、指導言を「役割」と「形」に分類した。「役割」として「提言」と「助言」を、「形」として「発問・説明・指示」を下位に位置づける。また「提言」を「大きな提言」と「小さな提言」に分けている。大西忠治『発問上達法』一九八八年、民衆社、一四六～一五四頁

(2) これらの用語について「読み」の授業研究会としては現在検討中である。「小課題」を「発問」としている場合もある。ただし、その場合問いの形でない「小課題」も「発問」というのかという問題が残る。

(3) 本稿で引用した教科書教材は、小学校国語科については光村図書・二〇一九年、中学校国語については光村図書・二〇二〇年による。

(4) 柴田義松「低学年カリキュラムの構成原理について—問うことを学ぶ授業づくり」日本教育方法学会編『教育方法二〇二〇学校文化と教育技術の課題』一九九一年、明治図書、一一五頁

(5) 本文は潁原退蔵・尾形仂訳注『新版おくのほそ道』二〇一三年、角川書店による。

(6) 大西は「授業が成功するかどうかは助言にカギがある」と述べている。前掲書（1）に同じ、一七三頁

【「深い学び」を生み出す発問・助言・学習課題：物語・小説と古典】

2 物語・小説の授業で発問・助言・学習課題を活かす：小学校編
——教材「おおきなかぶ」〈小1〉を使って

臺野 芳孝（「読み」の授業研究会運営委員）

1 「学習課題→発問→助言」の重要性

子どもたちが主体的に対象を探究していく授業では、「学習課題」が重要な位置を占める。教師の発問に答えるかたちの読みも重要だが、まずは学習課題をめぐって子どもたち一人一人が考えてみる。それをグループで出し合い、さらに学級全体で追究していくかたちである。

その過程で教師は子どもたちの意見を整理し、発問でさらに深い思考に導く。思考が不十分なときには助言を提示して追究を深めていく。探究重視の授業では「学習課題→発問（小課題）→助言」が重要な意味をもつ。

低学年でも基本的には同じである。本稿では「学習課題」の設定の方法と、「発問」「助言」の構築の方法について、「おおきなかぶ」(1)を使いながら考えていきたい。

2 「おおきなかぶ」の特徴

「おおきなかぶ」を教師が朗読（範読）していくと、子どもたちは次々と出てくる人物に「えーっ。」と驚く。そして、目を丸くして笑いながら聴いている。お話の展開が、「次は誰かな？」と自然に期待してしまう構造になっているからである。

このようなプロットをもったお話には、「てぶくろ」「おふろだいすき」「わらしべ長者」などがある。

この作品は、次のようなくり返しが多い。

「○○は○○をよんできました。」
「○○を○○がひっぱって」
「うんとこしょ、どっこいしょ。」
「かぶはぬけません。」

くり返し自体がこの作品の主題につながるが、くり返しが多いことで、物語でありながらまるで詩を朗読しているような快感がある。暗唱も楽しく覚えやすい。

「おおきなかぶ」は、二部構造で「まえばなし」「あとばなし」がない。

時間経過で考えると「おじいさんがかぶのたねをまいたときとおおきなかぶができたときは、時間経過がある。教材研究としては、この時間経過を考慮して「あまいあまいかぶになれ。おおきなおおきなかぶになれ。」までは、「まえばなし」と考えることもできるが、作品冒頭から描写が始まっており、二部構造ととらえる。

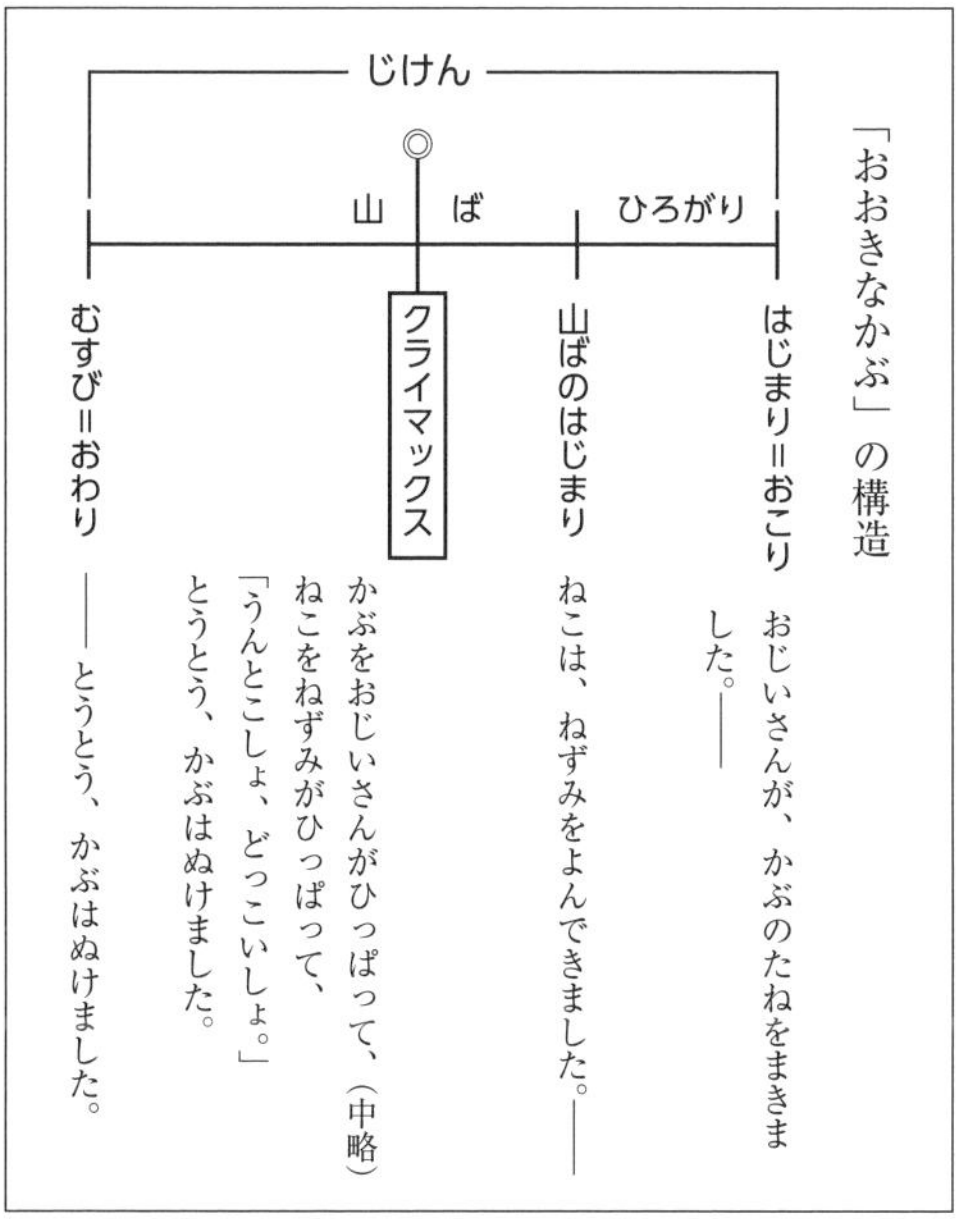

「おおきなかぶ」の構造
じけん
ひろがり
山ば
はじまり＝おこり
おじいさんが、かぶのたねをまきました。——
山ばのはじまり
ねこは、ねずみをよんできました。——
クライマックス
かぶをおじいさんがひっぱって、（中略）
ねこをねずみがひっぱって、
「うんとこしょ、どっこいしょ。」
とうとう、かぶはぬけました。
むすび＝おわり
——とうとう、かぶはぬけました。

3　呼ばれた人物が小さくなっているという仕掛け

「おおきなかぶ」を読むと、思わず読者に力が入ってしまう書かれ方、違和感のあるストーリー展開など面白さや楽しさを感じさせる仕掛けが満載である。その中でも「おおきなかぶ」の作品の仕掛けとして特に重要なのは、登場する人物がだんだん小さくなっていることである。丁寧に読んでいけば、子どもたちはそれに気づくことができる。この次々に小さい人物を呼んできたことにこそ、「おおきなかぶ」のお話としての面白さの仕掛けがある。一年生なりの「深い学び」を実現させるために、その秘密を解き明かしていくことが、わくわくする学習につながる。

はじめは「なんとなく感じる」でよい。しかし、少しずつそれを言語化すること、つまり「内言の外言化」をすることで、「おおきなかぶ」を深く読み味わえるようになる。そして、言語の力がついてくる。

4　初発の感想を生かして「学習課題」を創り出す

一年生前期であるから、まだ感想文を書かせることは難しい。感想を口頭で言語化することから始めたい。そのためにいくつかの観点を提示することが必要である。

①このお話で好きだな、よかったなと思うところはどこですか。
②お話の流れで「ああよかった」と思うところはどこですか。
③あなたが気になる人物は誰ですか。
④わからないな、不思議だな、変だなと思ったことはありますか。

①によって、この作品の面白さの仕掛けに着目させていく。

②によって、作品のクライマックスに注目させていく。そこに向かって物語は事件展開が仕掛けられていく。

③によって、人物たちに注目させていく。

④では、違和感を感じるところを意識化させる。「犬がまごを引っ張ったら、服が破けてしまう。」「ねこに呼ばれてねずみが来るはずがないからおかしい。」「なんで強い者を呼ばないのだろう。」など、お話の仕掛けについて考えるための問いを生む観点である。

これらを生かしながら「学習課題」を創り出していく。

5　「学習課題」を創り出すための学習過程

「学習課題は、子どもの言葉で」と、よく言われる。しかし、なかなか初めから子どもの言葉だけで学習課題を創り出すことは難しい。そこで、前述の初発の感想を生かしながら、教師と子どもで学習課題を創り出していく。

もちろん低学年の場合、教師が提示した学習課題で学習を進めてもよい。ただ、少しでもそこに子どもたちの声を生かしていきたい。やがては、子どもたち自身で質の高い学習課題を創り出せるように系統的に指導を重ねていく。教師待ちでない、子どもたち相互が検討をし合い、試行錯誤しながら学習課題を生み出すかたち、つまり「児問児答」である。

次のような過程で学習課題（めあて）を創り出す。[2]

教師①　いろいろな人物がいてごちゃごちゃにならな

かった？ 何かコツでもあるのかな？

子ども　出てくる順番を覚えたから大丈夫だった。

【※登場の順番が大事ということは、既に学んでいたので、教師①「何かコツでもあるのかな？」という発問で、それを振り返らせた。】

教師②　順番で不思議だっていう意見があったよね。

子ども　そう、だんだん小さくなっていくの。

子ども　何で強い人を呼んでこないんだろうと思った。

【※初発の感想に右があったので、教師②の発問で引き出した。】

教師③　だんだん小さくなっていくのに気づいたね。賢い。でも、なんでだんだん小さくなっていくのかがわかる人はいますか？（謎を感じさせる助言）

子ども　………。

教師④　では、なんでだんだん小さくなっていくのかを、みんなで考えてみるのはどうですか？　大きなかぶのお話の秘密がわかるよ。

子ども　やってみたい。

子ども　できるかな。

教師⑤　では、学習のめあてをこれにしましょう。（板書する）

> **めあて**
> なぜ出てくる人物がだんだん小さくなるのだろう

初発の感想を生かした学習課題と言っても、一人か二人が出した感想を教師が恣意的に取り上げるのでは、教師と子どもで創り出したことにはならない。初発の感想を出す時点で、「順番って大事」「変なところがある」と多くの子どもが気づくようにリードすることが大切である。

6　学習課題の解決―事件の発展を読む

順番に隠された事件の発展を読んでいく。

教師⑥　人物の順番を確かめます。最初はおじいさん一人だったね。それから誰が来たのかな？

子ども　おばあさんです。

子ども　まご、いぬ、ねこ。

子ども　最後はねずみ。

教師⑦　おじいさんは、なぜおばあさんを呼んだのかな？

子ども　一緒に住んでいるから。

子ども　近くにいたから。

教師⑧　おばあさんは女の人です。年を取っています。おじいさんが引っ張って抜けない大きなかぶなのに、おばあさんで大丈夫かな？

子ども　わかんない。

教師⑨　別の人物を呼んできてもいいんじゃない？

子ども　お父さん。

子ども　近所の人。若い大人。

子ども　力が強い人。

教師⑩　それから動物だと？

子ども　馬。

子ども　牛。

教師⑪　何でそうしなかったのかな？

子ども　おばあさん以外いなかったのかも。

教師⑫　もう一つ理由がありそうだね。はじめはおじいさんは自分一人で抜けると思ったんでしょ。それで抜けなかった。でもおばあさんを呼んだということは？

子ども　もう少しで抜けると思った。

子ども　もうちょっとで抜けそうだった。

子ども　きっとかぶが、ゆさゆさして抜けそうに見えたんだと思う。

【※この「もう少しで抜けそうと思った」という読みは、1年生には難しい場合がある。教師⑫の「はじめはおじいさんは自分一人で抜けると思ったんでしょ。それで抜けなかった。でもおばあさんを呼んだということは？」だけでは読めないことがある。その場合のために教師は次の助言を準備しておく必要がある。たとえば「もし全然かぶがびくともしなかったら、みんなならおばあさんを呼ぶ？」などの助言である。実際に授業で使わないかもしれないとしても、教師は多様に助言を準備しておくことが大切である。】

教師⑬　その次も、まごだから力は強くない。でも……。

子ども　抜けると思った。

教師⑭　そうかもしれないね。毎回そう思って、最後は一番力の弱いねずみ。それで……。

子ども　抜けた。

教師⑮　つまり、抜けたのは、誰と誰と誰と誰の力が合わさったから？

子ども　えーっと、おじいさん、おばあさん、えーっと。

教師　それ全部どこかに書いてない？　探して。

子ども　七四頁と七五頁。

教師⑯　誰？

子ども　おじいさん、おばあさん、まご、いぬ、ねこ、ねずみ。

教師⑰　みんなの力が合わさったから抜けたんだよね。よかったね。でもね、もし、この物語が、はじめにねずみで、次にねこで、次にいぬで、次にまごで、次におばあさんで、最後におじいさんが来て抜けたとしたらどうなる？　誰の力で抜けた感じ？

子ども　おじいさん。

教師⑱　おじいさん一人の力で抜けた感じもするね。もちろんそれでもみんなの力かもしれないけれど、おじいさん一人の力で抜けたようにも見えるよね。でも、この物語だと、ねずみがもしいなかったら？

子ども　抜けない。

【※この教師⑰の「でもね、もし、この物語が、はじめにねずみで、次にねこで、次にいぬで、次にまごで、次におばあさんで、最後におじいさんが来て抜けたとしたらどうなる？　誰の力で抜けた感じ？」という発問はかなり教師主導の強い発問である。ただし、この時点では「他の物語展開の可能性と比べる」という読みの方法を子どもたちは知らない。やがては子どもたち自身が「児問児答」のかたちにしていかなければいけないが、この時点ではこういった発問も必要である。】

教師⑲　つまり、みんな全員の力で抜けたことになるね。どっちがうれしい？

子ども　みんなの力の方。

子ども　ねずみの力もねこの力も大事ってことだから、そっちがうれしい。

こういう発問、助言によって学習課題を探究し解決していく。一年生でも十分可能な読みである。

7　レトリック―「ひっぱって」「うんとこしょ、どっこいしょ。」などのくり返しの効果を読む

学習課題「『ひっぱって』『うんとこしょ、どっこい

しょ。』などをくりかえしているのはなぜだろう。」についての探究である。これも初発の感想の中にあったものを、全体の学習課題としたものである。

「ひっぱって」「うんとこしょ、どっこいしょ。」などがくり返されることで、人物が増え、力が大きくなっていくことを効果的に表現している。それを読みとっていく。一年生でも、十分読みとり可能である。

教師⑳ じゃあ、「うんとこしょ、どっこいしょ。」は赤。「かぶ」は緑。「おじいさん」は青。「ひっぱって」は黄色。色鉛筆で塗ってから数を数えてみましょう。

（子どもと教師で話し合いながら黒板に貼ってある本文に色を入れていく）

【※これは、くり返しの効果を可視化しやすいようにする作業である。】

子ども （各自、色鉛筆で塗る）

教師㉑ 数がわかりましたか？　では聞きます。

子ども 「うんとこしょ、どっこいしょ。」は六個です。

子ども 「かぶ」は題名も入れて十五個です。

子ども 「おじいさん」は十三個です。

子ども 「ひっぱって」は二十個です。やったぁ。

教師㉒ 何で「ひっぱって」が一番多いのか考えるよ。たとえば「二人でかぶをひっぱって、うんとこしょ……」

【※「『みんなでかぶをひっぱって……』でもいいよね。」と別の表現可能性を示し、それらを比べながら読みを深めていくという読みの方法である。それを助言という形で提示した。】

子ども 「ひっぱって」がいっぱいあった方が面白い。

子ども ないと、すぐ終わっちゃう。

子ども 「みんな」でだと、あんまり頑張ってる感じがしない。

教師㉓ そうだね。「ひっぱって」「ひっぱって」って何度も何度もいっぱい書いてあるとどんな感じがするかな？

子ども いぬもねこもねずみも、みんなが頑張っている。

子ども 並んで引っ張っているのがわかる。

子ども （引っ張る格好をしてる。）

教師㉔ 「ひっぱって」が何回も出てくることで、読んでいる人も、一生懸命さが伝わってくるね。こういう風に何回も書かれていることを「くり返し」といいます。お話を読むときは、ここに秘密があるぞの目印です。そういうところを見つけながら本を読むと楽しいから、みんなもやってみましょう。

【※ただ「おおきなかぶ」が読めるようになったというだけでなく、「くり返しに着目する」「他の表現と比べてみる」などの読みの方法をその都度振り返りなどで意識化させていくことで、子どもたちは「読みの方法」としてだんだんと言語の力をつけてくる。】

8 「学習課題→発問→助言」を構造的に構築していく

「学習課題」は、何と言っても子どもたちの探究を大きく促すものでなくてはならない。子どもたちが興味をもつ、やってみたいと思うことは大切だが、それだけでなく、その探究を通じて新しい発見がある、新しい読みの方法を使えるなどの要素も重要である。

「発問（小課題）」はその課題追究を助ける。子どもたちに課題解決の方向を示唆する役割である。ただし、あまりにも方向がはっきりし過ぎている発問は、子どもたちの主体的な思考を奪ってしまう。大きな方向を示唆するくらいの発問がよい。

「助言」は、発問だけでは十分に思考できない、読みを深められない場合に発問を補助する形で打つ。これも強すぎると、子どもの思考を奪う。弱い助言であることが重要である。もちろんその助言だけではどうしても読みを展開できない場合には中程度の助言、強めの助言も必要となることがある。しかし、できるだけ強い助言は避け、どうしても必要な場合に最後に打つ。

「学習課題」「発問（小課題）」「助言」いずれにも「読みの方法」が内在されている。既に何度か述べたとおり、はじめは教師が「読みの方法」を指導するが、やがては子ども自身がこれまで学んできた「読みの方法」を自分自身の力で使うようにしていく。それが「児問児答」である。

注

（1）「おおきなかぶ」本文は、小学校国語教科書『こくご一上』二〇一九年、光村図書による。
（2）臺野自身が1年生で授業を行った際の記録を再構成したものである。

【「深い学び」を生み出す発問・助言・学習課題：物語・小説と古典】

3 物語・小説の授業で発問・助言・学習課題を活かす：中学校編
――教材「握手」（井上ひさし）〈中3〉を使って

渡邊 絵里（福岡県久留米市立三潴中学校）

1 物語・小説の授業で「深い学び」を生み出す「発問・助言・学習課題」とは

二〇一七・一八年学習指導要領で「主体的・対話的で深い学び」が前面に位置付けられ、子どもたちに思考力や想像力を養うことが重視されるようになった。それは「言葉による見方・考え方」とも重なる。物語・小説の授業でそういう力を養うためには、作品の言葉を手掛かりに論理的に考えさせていくことが大切である。そのためには質の高い指導言を準備することが大切である。適切な学習課題を設定し、切れ味のある助言を打っていくことが求められる。

物語・小説の授業で、子どもたちに特に学ばせたいのは、次の二つである。

○事件（クライマックス）を中心とした構造的な読みを行うこと
○読んでいて「なぜ」とひっかかる事件・表現から物語・小説の仕掛けの秘密を読むこと

この二つを授業の軸としながら、発問・助言・学習課題を構築していく。

物語・小説の指導過程では、作品全体を俯瞰する「構造よみ」の段階から、作品の鍵となる語句や文を読み深める「形象よみ」の段階、そこから文章を再読し吟味・評価を行う「吟味よみ」の段階へと読みを深めていく。

指導言の構築には、それらの段階に対応した「読みの方法」を生かしていくことが重要である。

構造よみでは「作品の事件は何か」「説明的な書かれ方から描写的な書かれ方に転換するのはどこか」と、読みの方法を意識させるような発問・助言を打つことで、読みが一つの方向に収斂されていく。たとえばクライマックスに着目する場合、子どもが「ここで変化している」と述べたとき、教師は「何が変化しているの?」「前はどうだったのかな?」と掘り下げる発問をする。同時に「この話は誰がどのように変わっていく話なんだろう?」と問い、作品の事件を意識させる。発端に着目する場合も、子どもが「説明的な書かれ方から描写的な書かれ方に変わっているから」と指標そのままを理由として述べたときには「どの言葉からそう思ったの?」「なるほど、『いつも』『たいてい』という言葉が何か所も出てくるね。」(「アイスプラネット」椎名誠)など、具体的な言葉、描写を指摘させる。

形象よみでは、構造よみでとらえた「事件は何か」「クライマックスはどこで、何が変化・確定しているのか」を前提に読むと、子どもたちは物語の伏線に気がついていく。「少年の日の思い出」(H・ヘッセ)の構造の読みができていると、導入部で主人物である客(=僕)の人物像として、どこを読めばよいかが把握できる。クジャクヤママユを盗んでつぶし、最終的に自分の蝶を一つ一つ押しつぶすというプロットを意識することで、子どもは「ピンの付いたまま用心深く取り出し、羽の裏側を見た。」や「もう結構。」「その思い出が不愉快でもあるかのように」といった鍵となる箇所に着目できるようになる。そのためにも「構造よみで読んだ伏線とクライマックスを思い出そう。」といった助言を打つのである。

2　物語・小説の授業の発問・助言・学習課題の実際
—教材「握手」(井上ひさし)を使って

井上ひさしの「握手」を使った学習課題・発問・助言について考える。児童養護施設にいた過去をもつ「わたし」が当時の恩師であるルロイ修道士と再会して思い出話をする中で、修道士の異変に気づいていく話である。[1]

(1)　構造よみ

「握手」の構造は次頁のとおりである。構造よみでは、特に事件の始まりである「発端」と最大の節目である「クライマックス」の読みがポイントとなる。

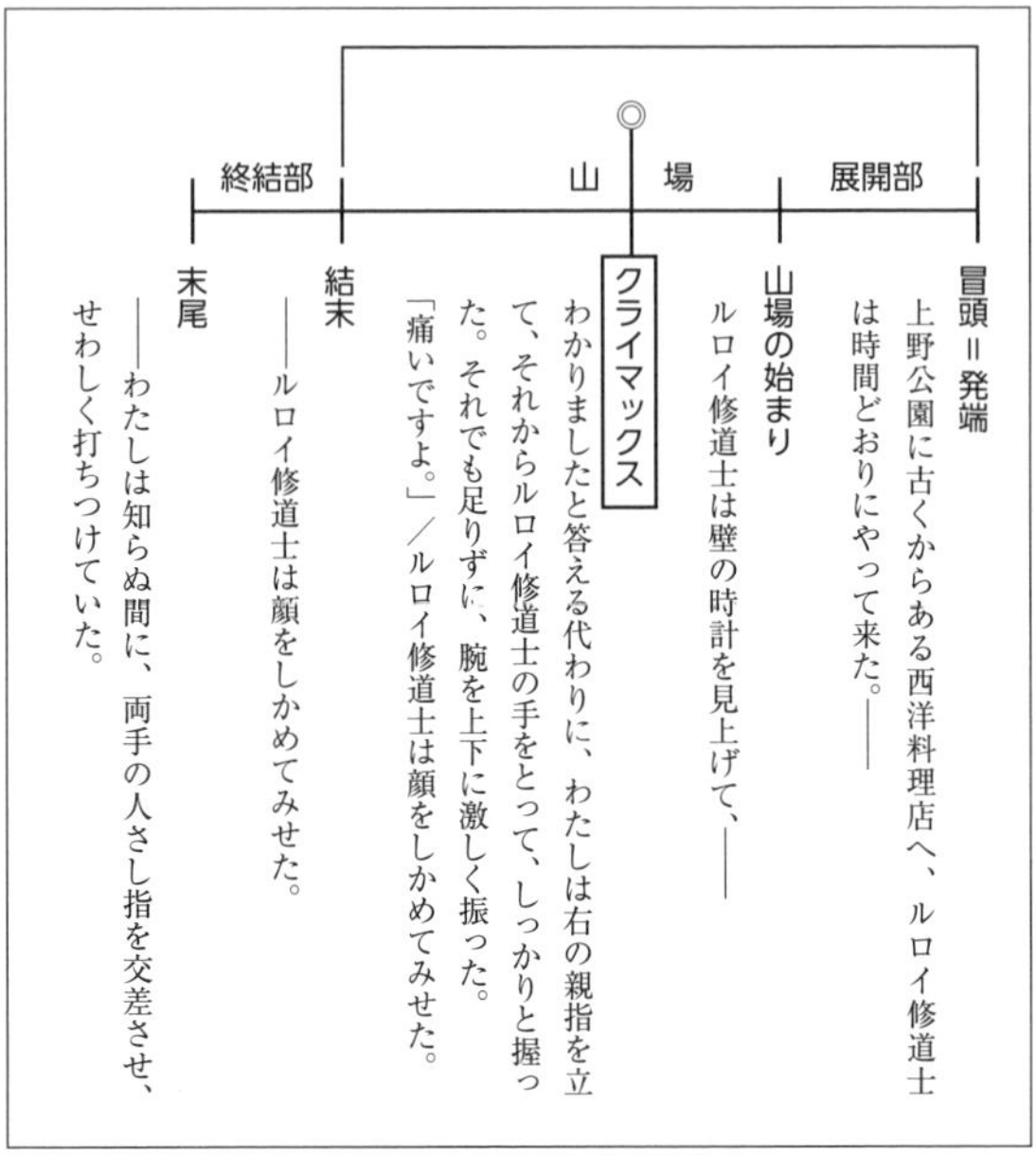

冒頭＝発端
上野公園に古くからある西洋料理店へ、ルロイ修道士は時間どおりにやって来た。――
展開部
山場
山場の始まり
ルロイ修道士は壁の時計を見上げて、――
クライマックス
わかりましたと答える代わりに、わたしは右の親指を立て、それからルロイ修道士の手をとって、しっかりと握った。それでも足りずに、腕を上下に激しく振った。「痛いですよ。」／ルロイ修道士は顔をしかめてみせた。
結末
――ルロイ修道士は顔をしかめてみせた。
終結部
末尾
――わたしは知らぬ間に、両手の人さし指を交差させ、せわしく打ちつけていた。

発端とクライマックスの指標は次のとおりである。

◇「発端」の指標
① 主要な事件が始まる
② 主要人物の出会い
③ 主題に強く関わる
④ 説明的な書かれ方〈導入部〉→描写的な書かれ方〈展開部〉

◇「クライマックス」の指標
① 事件が決定的となる
② 読者への強いアピール〈描写性が濃い、緊迫感、技法・工夫〉
③ 主題に強く関わる

発端の追究では、語り手である「わたし」とルロイ修道士との再会が描かれること、「万力よりも強」く、「腕を勢いよく上下させる」握手をするはずのルロイ修道士が「病人の手でも握るよう」な握手をしたという異変に気づかせたい。またこの作品には導入部と思われるところがなく、ルロイ修道士の人物像や「わたし」との関係性は主に回想部分にエピソード的に挿入されていることに気づかせたい。そのために子どもから出た意見を生かしながら発問や助言を行う。

授業の学習課題は次のようになる。

学習課題　作品のクライマックスを見つけ出そう！

ここではクライマックスについて検討する。

クライマックスは、「わたし」がルロイ修道士と別れの握手するところである。

A　上野駅の中央改札口の前で、思い切ってきいた。
「ルロイ先生、死ぬのは怖くありませんか。わたしは怖くてしかたがありませんが。」

かつて、わたしたちがいたずらを見つかったときにしたように、ルロイ修道士は少し赤くなって頭をかいた。

「天国へ行くのですから、そう怖くはありませんよ。」

「天国か。本当に天国がありますか。」

「あると信じるほうが楽しいでしょうが。死ねば、何もないただむやみに寂しいところへ行くと思うよりも、にぎやかな天国へ行くと思うほうがよほど楽しい。そのために、この何十年間、神様を信じてきたのです。」
B　わかりましたと答える代わりに、わたしは右の親指を立て、それからルロイ修道士の手をとって、しっかりと握った。それでも足りずに、腕を上下に激しく振った。
「痛いですよ。」

ルロイ修道士は顔をしかめてみせた。（傍線は渡邊）

子どもは、傍線部の二か所AとBを挙げることが多い。それぞれ次のような理由が意見として出される。

〈A案〉
①最後の別れにルロイ修道士に聞きたかったことを「思い切って」聞いていて緊張感があるから。
②会話をする中でルロイ先生は「重い病気にかかっている」とずっと思っていた「わたし」が「死」について質問していることが大きな変化だと思うから。

〈B案〉
①題名のとおり「握手」がこの話の中心だから。
②「わたし」が腕を上下に激しく振っているところが描写性も高く、緊張感があるから。

A案もB案も、ルロイ修道士の「死」に関わっているところであり、「変化」していると言っているが、何がどのように変化しているのか、どのような変化の過程の到達点としてその箇所があるのかという点を議論させたい。そのために次のような発問（小課題）を出す。

[A案の子どもへ]　どうして「わたし」は最後の別れになると思ったんだろう。どこからそれがわかる?

「わたし」は初め、ルロイ修道士と再会してただ懐かしく思い出を回想するが、だんだんとルロイ修道士の異変に気がついていく。「実に穏やかな握手」から「オムレッをちっとも口へ運んではいない」という描写、そして「この世のいとまごいに、こうやって、かつての園児を訪ねて歩いているのではないか」という疑念を抱き、「先生は重い病気に……」という質問を飲み込んで平凡な質問をするという流れである。そう考えると、「死ぬのは怖くありませんか。」という質問はまだ変化の過程であり、その先に「握手」があることがわかる。

［B案の子どもへ］　確かに題名「握手」は重要かもしれないね。じゃあ「握手」にもっと注目して読んでみて。この部分だけではないかもしれないね。

握手の描写は最初の回想場面での握手と重なる。しかし、さらに「その違い（変化）は？」と掘り下げて問うと、子どもは二人の立場の逆転を発見する。

(2) 形象よみ

多くの作品では、導入部で時・場・人物・事件設定が示される。しかし、この作品には導入部がなく、回想のエピソードの中で過去のルロイ修道士の人物像が語られる。子どもには、語り手が「わたし」であることを確認した上で中心人物は誰なのかを問う。この作品で語り手はルロイ修道士の人物について語っている。エピソードの人物像については次の学習課題を設定する。

学習課題　ルロイ修道士の人物像を読みとろう！

ここで、助言として「人物像」の中に、「どんな人生観をもった人物か、それが読めるところも探してみよう」と投げかける。「人生観」とは、生きていく上で何に価値を置いているかだということも言い添える。すると、子どもは次のような箇所を挙げて形象を読む。

・ギチギチとよく鳴るてのひらにまつわる描写
・戦争中のできごとと「敗戦国の子どもたちのために…」という描写
・「わたし」をぶったときの話
・「上川一雄君」の話

これらの箇所から、ルロイ修道士について、まず人種や国籍などではなく一人の人間として関わろうとする公平さをもつ人物であることがわかる。そして、何よりも子どもたちの笑顔を見ることを人生の喜びとし、子どもに何かあれば心の底から心配し、子どもたちの成長や彼らの幸せに自分の人生の価値を置く人物であるとわかる。

だからこそ心配させないために病気であることを伏せ、「悪い腫瘍の巣」となった身体で仙台から東京も含めた色々なところへかつての園児に会って回ったことが明らかになる。ルロイ修道士の握手は穏やかになり、手はもうギチギチとは鳴らない。当時の「わたし」のように隠しごとを見破られて顔を赤くしながら頭をかくが、その変化からルロイ先生の変わらぬ本質が見えてくる。

最後に、山場の二人の言動に隠れた思いを読む。子どもは、ここまでで「わたし」がルロイ修道士の変化に気づきながらそれを直接言えないまま最後の別れをしようとしていることを理解している。では表面的にはただの死生観を問うような「わたし」の質問と、それに答えるルロイ修道士の言動の裏にどんな思いが読めるか、を考えさせる。子どもに、「みんなは死ぬの、怖いと思う？」と聞く。すると、「怖い」とか、「えー、わからない」など色々な声が飛ぶ。そこで「わたし」がルロイ修道士に聞いた質問と、今教師が皆に問うた質問の意味が同じか聞くと、子どもはここでの「わたし」の「思い切って聞いた」質問が、ただならぬ意味をもつことに気づく。

山場の形象の読みについては次の学習課題を提示する。

学習課題　山場から「わたし」とルロイ修道士の言動の裏にある思いを読みとろう！

そして、次のような発問（小課題）を出す。

○この山場で読むべき箇所はどこだと思う？　気になるところを挙げてみて。

子どもは次の傍線部の箇所を挙げてくる。まずはクライマックス直前の会話の部分である。

上野駅の中央改札口の前で、思い切って聞いた。

「ルロイ先生、死ぬのは怖くありませんか。〈中略〉」

かつて、わたしたちがいたずらを見つかったときにしたように、ルロイ修道士は少し赤くなって頭をかいた。

「天国へ行くのですから、そう怖くはありませんよ。」

「天国か。本当に天国がありますか。」

「あると信じる方が楽しいでしょうが。〈中略〉そのために、この何十年間、神様を信じてきたのです。」

「わたし」はルロイ修道士が病気を伏せている以上、核心をついてはいけないとわかっている。それでもなおルロイ修道士からその心の内を聞かずにはいられない。同時に考え違いかもという一縷の望みも抱いている。

さらに、ルロイ修道士の言動からは、「わたし」がすべてを悟っていることに気づき、心配をさせないようにと思いつつも、死を前にした恐れや不安もあることが伺える。そんなルロイ修道士に、「わたし」は握手をするのである。その箇所を読む。

わかりましたと答える代わりに、わたしは右の親指を立て、それからルロイ修道士の手をとって、しっかりと握った。それでも足りずに、腕を上下に激しく振った。

「痛いですよ。」

ルロイ修道士は顔をしかめてみせた。

クライマックスはすべて読むが、特に気になる箇所はどこかを問うと、子どもは傍線部の箇所を挙げる。「それでも足りずに」からは、これで今生の別れとなるかもしれず、重い病を抱えているであろうルロイ修道士を励ましたいと思いながらも、何もかけられる言葉がなくやりきれない「わたし」の思いが読みとれる。

問題になるのは「みせた」である。子どもはこの箇所を指摘はできても、そこから何が読めるかについてはなかなか気がつかない。そこで次の発問（小課題）を出す。

○「みせた」がある場合とない場合とではどんな違いがあるだろう。

すると子どもは「『しかめた』だったら痛いから顔をしかめたということだけど、『しかめてみせた』は、本当は痛くない?じゃあどうしてわざわざ顔をしかめるんだろう。」というように気づきと疑問をもつ。そこでさらに、立場が逆転していること、そして二人の間には言動の裏に隠れたやり取りがあることに着目させると、この「みせた」にルロイ修道士の「わたし」に対するメッセージがあるということが見えてくる。かつて自分が不安を抱えて天使園にやってくる子どもたちにしていたのと同じ握手をされ、逆に心配され励まされる状況に気恥ずかしさを感じながらも、そんな元園児の成長に喜びを感じる。そして「わたし」の思いを受け止めたことをルロイ修道士が暗に伝えていることに気づくのである。

最後に終結部の「わたし」の「両手の人さし指を交差させ、せわしく打ちつけ」る動作を読む。これは回想部分では「お前は悪い子だ」というルロイ修道士の指言葉だったとされている。葬式でルロイ修道士の当時の病状を聞き、「わたし」は一層やりきれない気持ちになる。冒頭の「桜の花はもうとうに散って、葉桜にはまだ間があって」と終結部の「上野公園の葉桜が終わる頃」から、「わたし」に会って間もなくルロイ修道士が亡くなったこと、すなわち、死を目前にしてとても歩き回れるような状態ではない身体でありながら、死の直前まで子どもたちの成長を見届けようとしたことが読みとれる。そんなルロイ修道士の生き様に対する「わたし」の思いがこの動作から伺える。子どもたちを想うことを最後まで貫いたルロイ修道士の生き様は肯定されるべきこと、感謝すべきことかもしれないが、だからこそ「わたし」を含めた園児たちからすれば、自分の命を優先して療養してほしかった、そんな無理をすることを望んではいなかったのに、というやるせない思いが表れている。

「（3）吟味よみ」については省略する。

3　終わりに

物語・小説の授業の発問・助言・学習課題について述べてきたが、その背景には深い教材研究がある。教材研究がどのような方向に子どもの思考を導いていったらよいかを教えてくれる。また、構造よみ・形象よみ・吟味よみのそれぞれの段階での「読みの方法」が、学習課題・発問・助言に生きる。思考が停滞したときや意見の相違を検討するとき、常に「読みの方法」に立ち返る。

注

（1）中学校国語教科書『国語3』二〇二〇年、光村図書

参考文献

阿部昇『増補改訂版　国語力をつける物語・小説の「読み」の授業』二〇二〇年、明治図書

阿部昇『物語・小説「読み」の授業のための教材研究』二〇一九年、明治図書

【「深い学び」を生み出す発問・助言・学習課題：物語・小説と古典】

4　物語・小説の授業で発問・助言・学習課題を活かす：高校編
――教材「こころ」（夏目漱石）〈高2〉を使って

町田　雅弘（茨城県・茗溪学園中学校高等学校）

1　質の高い指導言の三つの要件

高校生は、その後の進路によっては、これ以上国語を学ぶことはない。多くの子どもにとっては物語や小説を学ぶ最後のチャンスとなる。今後の人生で出会うかもしれないさまざまな作品を自力で読むための土台を完成させるために教師ができることとは何か。私はさまざまな仕掛けを発見する方法・方略を育てていくことだと考える。

作品構造が俯瞰的に見えたとき、伏線がクライマックスに回収されることに気づいたとき、レトリックの効果が顕在化したときなど、私たちは知的好奇心を揺さぶられる。そうした「発見」ができたときの興奮は何物にも代えがたい。そういうとき、作品の解釈は間違いなく深くなっている。

そういう授業としていくためには、優れた指導言が欠かせない。特に助言が重要である。

私は優れた指導言には、三つの条件があると考える。

一つ目は、その問いを契機に子どもに多様な思考が生まれ、その結果「発見」を生み出せるものであることである。「正答」を出すことが目的ではない。「正答」探しでは発見の喜びも興奮も生まれない。グループの検討を生かしながら、子どもが主体的に多様な発見ができるようにする。そのための指導言である。

二つ目は、作品内に根拠が示せる論理的な問いであることである。本文に根拠のない曖昧で感覚的な問いは子どもの意欲を削ぐ。そこからは豊かな読みも生まれない。何より子どもに力がついていかない。

三つ目は、他の作品を読む際にも応用できる問いであることである。授業の目的は目の前の作品を読むことだけではない。そこで身につけた読みの方法をさまざまな作品で使えるようにすることがより重要である。

その三つを意識しながら、夏目漱石「こころ」の授業での指導言について考えていく。

2 「こころ」（夏目漱石）の概要

「こころ」は一九一四年に発表された。高等学校教科書の定番教材である。以下概要を述べる。

大学生の「私」は、偶然にある人物と知り合い、その人のことを「先生」と呼び親しくなっていく。実家に帰った私のもとに、先生からの遺書が届く。（以下の内容は先生の遺書である。「私」とは先生のことである。）

両親を失った私は、その後面倒をみてもらった叔父に金を取られすっかり人間不信に陥る。叔父と縁を切り、同じ大学に通う幼馴染のKと本郷の下宿に住む。Kはとても頑固だが正直な男で「精進」という言葉を好んで使っていた。私は下宿のお嬢さんに恋をしていたが、K自身から先に「お嬢さんが好きだ」と告白をされ、自分の思いはKには告げずにいる。Kがお嬢さんと仲良くしている姿を見て、私は強い嫉妬を感じていた。

ある日、私はKに散歩に誘われる。恋愛のふちに陥った自分のことを、どう思うと訪ねてきた。私は、「精神的に向上心のない者はばかだ」と告げる。私は、Kの前に横たわる恋の行く手をふさごうとしたのであった。「君は平生の主張をどうするつもりなのか。やめる覚悟はあるのか」と問い詰める私に、Kは「覚悟ならないこともない」と独り言のように言うのであった。その日の晩のことである。熟睡していた私は名前を呼ぶ声で目を覚ます。見るとふすまが二尺ばかり開いてKの黒い影が立っていた。何か用かと尋ねる私に、「Kは大した用でもない、ただもう寝たか、まだ起きているかと思って、便所へ行ったついでに聞いてみただけだ」と答えるのであった。

この後、急に不安に陥った私は奥さんに掛け合い、お嬢さんとの結婚の約束を取り付ける。その後しばらくしてから、Kはもう既に婚約の事実を知らされていたことを知る。奥さんがKに話をしていたのだ。Kに対する罪悪感と、自分の自尊心の間にはさまれて、私はKへの謝罪ができないままでいた。そんなある日、Kは自殺して死んでしまう。

3「こころ」の教材研究―Kの自殺の場面

ここではKの自殺の場面を取り上げる。以下はその自殺にかかわる本文である。(1)（以下、傍線は町田による。）

私は枕元から吹き込む寒い風でふと目を覚ましたのです。A見ると、いつも立て切ってあるKと私の部屋との仕切りのふすまが、この間の晩と同じくらい開いています。けれどもこの間のように、Kの黒い姿はそこには立っていません。私は暗示を受けた人のように、床の上に肘をついて起き上がりながら、きっとKの部屋をのぞきました。ランプが暗くともっているのです。それで床も敷いてあるのです。しかし掛け布団は跳ね返されたように裾のほうに重なり合っているのです。そうしてK自身は向こうむきに突っ伏しているのです。

私はおいと言って声をかけました。しかし何の答えもありません。おいどうかしたのかと私はまたKを呼びました。それでもKの体はちっとも動きません。私はすぐ起き上がって、敷居際まで行きました。そこから彼の部屋の様子を、暗いランプの光で見回してみました。

そのとき私の受けた第一の感じは、Kから突然恋の自白を聞かされたときのそれとほぼ同じでした。私の目は彼の部屋の中を一目見るやいなや、あたかもガラスで作った義眼のように、動く能力を失いました。私は棒立ちに立ちすくみました。それが疾風のごとく私を通過した後で、私はまたああしまったと思いました。Bもう取り返しがつかないという黒い光が、私の未来を貫いて、一瞬間に私の前に横たわる全生涯をものすごく照らしました。そうして私はがたがた震え出したのです。

それでも私はついに私を忘れることができませんでした。私はすぐ机の上に置いてある手紙に目をつけました。それは予期どおり私の名宛になっていました。私は夢中で封を切りました。しかし中には私の予期したようなことは何にも書いてありませんでした。私は私にとってどんなにつらい文句がその中に書き連ねてあるだろうと予期したのです。そうして、もしそれが奥さんやお嬢さんの目に触れたら、どんなに軽蔑されるかもしれないという恐怖があったのです。私はちょっと目を通しただけで、まず助かったと思いました。（もとより世間体の上だけで助かったのですが、その世間体がこの場合、私にとっては非常な重大事件に見えたのです。）

手紙の内容は簡単でした。そうしてむしろ抽象的でした。自分は薄志弱行で到底行く先の望みがないから、自殺するというだけなのです。それから今まで私に世話になった礼が、ごくあっさりした文句でその後に付け加えてありました。世話ついでに死後の片づけ方も頼みたいという言葉もありました。奥さんに迷惑をかけてすまんからよろしくわびをしてくれという句もありました。国元へは私から知らせてもらいたいという依頼もありました。必要なことはみんな一口ずつ書いてある中にお嬢さんの名前だけはどこにも見えません。私はしまいまで読んで、すぐKがわざと回避したのだということに気がつきました。しかし私の最も痛切に感じたのは、最後に墨の余りで書き添えたらしく見える、もっと早く死ぬべきだのになぜ今まで生きていたのだろうという意味の文句でした。

　私は震える手で、手紙を巻き収めて、再び封の中へ入れました。私はわざとそれをみんなの目につくように、もとのとおり机の上に置きました。そうして振り返って、ふすまにほとばしっている血潮を初めて見たのです。


傍線部A「見ると、いつも立て切ってあるKと私の部屋との仕切りのふすまが、この間の晩と同じくらい開いています」とある。なぜふすまが開いているのか。もしも自殺をするなら一度ふすまを開いて先生の様子を確認して、その後でふすまは閉めるのではないか。不自然なこの設定は何を意味しているのか。しかも「この間の晩と同じくらい」と幅の長さまで細かく述べている。

　この間の晩とは、散歩をした日の深夜のことを指す。この日Kは「黒い影」として先生の前に立っていたのだから、Kの部屋にはまだ灯りがついていたことがわかる。Kはあの日ずっと起きていた。また二尺（約六十センチ）も開いていれば、自室からもれる灯りで先生の部屋の様子を観察することができるはずだ。しかしKは「大した用でもない、ただもう寝たか、まだ起きているかと思って、便所へ行ったついでに聞いてみただけだ。」と述べる。これは嘘だ。先生が熟睡している様子はすでにわかっていたはずだし、熟睡している人を起こしておいて「たいした用でもない」と言うのは異様である。名前を呼んでみて先生が起きてしまったので、とっさにこんな下手な嘘をついたのだ。Kが熟睡を確かめた理由は他にあったはずで嘘をついてまでKが隠していたことは何か。

　ここまで分析してみて、また自殺のシーンに戻る。もしKがあえて「この間の晩と同じくらい」ふすまを開けて自殺をしたのだとすると、先生に「この間の晩」も自殺をしようとしていると伝えたかったからではないかという仮説も生まれる。そうならばなぜKは「この間の晩」に自殺を考えていたのか。それはその日の散歩の場面で話したことと関係がありそうだ。

散歩の中で先生はKに「精神的に向上心のない者はばかだ」「君は君の平生の主張をどうするつもりなのか」と告げる。この言葉は平生「精進」を大切に生きてきたK自身にとって辛く響いたに違いない。「自分の道を貫くためには、全てのものを犠牲にするのが精進」と本文中にもある。お嬢さんのことを深く愛しておりどうしても諦めることができないKにとっては、今まで大切にしてきた自分の生き方を守ることができないという自己矛盾に陥っている。「(お嬢さんを諦める)覚悟はあるのか」と追及した先生に対して、「(自分の生き方を守るために、死をもって自己矛盾を解消する)覚悟ならないこともない」と答えるK。お互いに捉えている「覚悟」の意味が異なる。二人のすれ違いはこの時点から始まっていた。

自分の生き方への追求のために自殺を考えているKにとって、このタイミングで自殺をすることになったのは不本意なことだった。それは、先生がお嬢さんと婚約した後だからである。「きっと先生は、『お嬢さんと婚約をしたという自分の裏切りが原因で自殺をしたのだ』と考えるのに違いない。」それは彼の本意ではない。悩んだ挙句Kは、仕切りのふすまをこの間の晩と同じくらい開けて自殺をした。「あの時の晩から自殺を考えていた。自分が死ぬのは、お前のせいではない」というダイイングメッセージを残すために。

傍線部B「もう取り返しがつかないという黒い光が、私の未来を貫いて、一瞬間に私の前に横たわる全生涯をものすごく照らしました」とある。ここがクライマックスである。「一瞬間に」「全生涯」「ものすごく」と何重にも強調をしており、まさにクライマックスとして相応しい緊迫感を持って描かれている。「もう取り返しがつかない」と先生は自分の裏切りについて己を責めているが、それは先生の勘違いである。Kの意図には全く気がついていないことがわかる。このクライマックスは、先生が深い罪悪感をもち生涯を生きていくことが決定的となるところであると同時に、また先生とKの「こころ」のすれ違いが決定的となり、その誤解が解けることは二度とないことを示している。

先生はKの意図に全く気がつかない。それはなぜか。先生はKの遺書を読む際も「それでも私はついに私を忘れることができませんでした」と述べる。自分とお嬢さんとの関係が壊れないかと気にしている。一方でKに対して深い罪の意識を感じ、一方ではこの状況を打算的に見ている。だからKの思いに気づくことができなかった。先生はKへの罪悪感に苦しんでいる。Kも先生が苦しまないように配慮をしている。しかし、すれ違いの悲劇を迎える。それはなぜか。「お嬢さんへの恋愛感情」という自身のエゴが、彼が本来持っていた「思いやりのこころ」という美徳を曇らせたからなのではないか。それはKも同様である。「自分の生き方への執着」というエゴが「思いやりのこころ」を曇らせてしまった。先生が苦しむことに勘づいていながら自殺してしまう。

4 「こころ」の授業の指導言

この作品の授業は、通常私はこのKの自殺部分の構造を俯瞰するところから始める。次にそれを生かしながら本文の鍵となる文を取り出し、それらを深く読んでいく。そして形象よみを収斂させつつ主題を捉える。最後に文章の吟味・批評を行う。ここでは、その中の形象よみの授業の指導言について考えていく。

「覚悟の意味のすれ違い」「深夜のKの黒い影」については前時までに読んだ上で次の傍線部Aを読む。

見ると、いつも立て切ってあるKと私の部屋との仕切りのふすまが、この間の晩と同じくらい開いています。

まず次の発問を出す。

発問1 Kはこの時、なぜこの間の晩と同じくらいふすまを開けておいたのだろうか?。

子どもは、まず一人で考えた上でグループの話し合いに入る。子どもからはA「本当は止めてもらいたかったんじゃないかな」B「私へのあてつけのためではないか」C「私に最初に見つけてほしかったからではないか」という三つの意見が出ることが多い。

Aに対しては「この後、Kは遺書を用意していたことがわかる。本気で死のうとしていたんじゃないかな。止めてもらいたかったというのはないな」などの反論が出ることが多い。Bに対しては「Kは先生の婚約が原因で自殺したわけではないから違う」などの反論が出ることが多い。Cに対しては「Kはそのためにわざわざ土曜の晩を選んでいるんだから、ふすまを開けておかなくても、先生は最初に見つけるはず」という反論が出ることが多い。再反論も出るが、なかなか出口が見つからない。そういう時、次のような助言を打つ。

> **助言①** Kは土曜の晩を選んで自殺をするくらい周到だよね。二尺ほど開けておいたのも、先生に対する意図的なメッセージと読めないかな
>
> **助言②** メッセージはなぜ必要になるの？ あの晩と、今の間に起こった出来事を考えてみると、何か見えてくるかもしれないね。
>
> **助言③** ひょっとすると、頑固で正直なKは、先生に勘違いされたくなかったのかもしれないよ。

助言①は作品に再度戻って考えることを促し、助言②は伏線を発見することを促し、助言③は人物設定に注目することを促している。

この後「きっと、先生は自分の裏切りが原因で自殺したと勘違いするよ。本当は違うのに」「つまり、婚約した後という、このタイミングで自殺することに、Kは心配しているんだ」「婚約の前から死のうと思っていたというサインじゃないの」「お前が原因じゃないよって言ってあげたかったんだ」という意見が出始める。

次にクライマックスである次の傍線部Bを読む。

もう取り返しがつかないという黒い光が、私の未来を貫いて、一瞬間に私の前に横たわる全生涯をものすごく照らしました。

次の発問を出す。

> **発問2** 構造よみの時は、「先生にとって裏切った相手を自殺に追い込むことで、良心を取り戻すチャンスを失い、先生の生涯が辛く苦しいものへと変化するところだから」と読んだけど、他にも理由がありそうだね。

「先生の誤解が解けることがなくなるから」「先生とKのすれ違いが決定的となるから」などの意見が出る。

続けて発問3である。

発問3　先生は、Ｋの残したダイイングメッセージに結局は気づかなかったんだね。なぜだろう？

「Ｋの自殺がそれほどショックだったから」「Ｋの本心に気づいていなかったし、まさかそんなことを考えているとは思わなかったから」といった意見が出てくることが多い。それに対して私は「それは確かにそうかもしれないね。でも、他にも理由はあるんじゃないかな。だって、Ｋは他にもダイイングメッセージをいくつか残しているよ。気がついた？」と助言する。

助言④　Ｋの遺書の中にある、先生が勘違いしないように残したダイイングメッセージとは？

「自分は薄志弱行で到底行く先の望みがないから自殺する」「もっと早く死ぬべきだのになぜ今まで生きていたのだろう」の二つが出てくる。

それに対して、教師は「三度も言っているのに、先生は気がつかない。それにはさっきの皆の意見の他にも理由があるんじゃないかな。」などと助言する。

さらに「この後に描かれている場面を読んで、『私』がダイイングメッセージに気づかなかった理由を探してみよう」と助言し、クライマックスの後の記述に着目させる。すると「奥さんやお嬢さんの目に触れたら、どんなに軽蔑されるかという恐怖」「わざとそれをみんなの目につくように、もとのとおり机の上に置きました」などと関係があるのではないかと指摘する子どもが出てくることが多い。

授業の最後に教師は「どうやらＫは、先生が苦しまないように配慮をしていたみたいだね。先生も、Ｋへの罪悪感に苦しんでいる。二人は互いのことを深く考えていたみたい。でもね、先生はそんな時でも冷静に打算的に自分のことを考えてもいた。次回はテーマというかたちで論議していこう。」とまとめる。

注

（1）本文は『新精選　現代文Ｂ』第二版、二〇一九年、明治書院による。

【「深い学び」を生み出す発問・助言・学習課題：物語・小説と古典】

5 古典の授業で発問・助言・学習課題を活かす
――教材『徒然草』「仁和寺にある法師」（兼好法師）〈中2〉を使って

大庭 珠枝（秋田県由利本荘市立東由利中学校）

1 「深い学び」を生み出す古典の授業のために

「古典は面白いな」と子どもたちに感じてもらいたい。

小・中・高で国語の授業をしているすべての先生方が共通して抱いている思いであろう。もちろん私もそうである。

では、子どもたちが「古典の面白さ」を味わうことができるようにするために、どのような授業づくりをしたらよいのだろうか。私は、現代文を読み深める際と同様の学習過程を意識し、子どもたちが考え、対話をとおして「深い学び」に到達できるような授業を構想すればよいと考えている。古典の真の面白さは、作品の仕掛けを発見したり、文章構成の巧みさに気づいたり、自分なりの解釈を深めたりするなど、現代文と同様に、文章や作品に対峙して読み深めてこそ味わえるものだからである。

そして、そのような「深い学び」を生み出す授業づくりのプロセスもまた、現代文と同様であると考える。この教材をとおしてどのような国語の力をつけることをねらうのか。そのために、考えさせたいこと、気づかせたいことは何なのか。この二つが、授業づくりのスタート地点と言えるだろう。（もちろん、事前の教材研究は必須である。）

2 「発問」「助言」「学習課題」とは

前述のような「深い学び」を生み出す授業づくりの中心となるのが、「発問・助言・学習課題」である。言葉の並びは「発問・助言・学習課題」となっているが、授業を構想しながら考える順番は、多くの場合「学習課題・発問・助言」となるだろう。

学習課題とは、「授業者が教材研究によって構想した、子どもたちに考えさせるべき課題[1]」のことである。発問とは、「学習課題に向かわせるために行う子どもへの『問いかけ[2]』」である。助言とは、「発問を補ったり、修正したりするための『補助的な発言[3]』」である。

これらの指導言は相互につながり合っており、それぞれが授業を構成する重要な要素である。

では、具体的にどのような発問・助言・学習課題を設定、想定して授業を構築すればよいのだろうか。そのポイントを示すに当たり、まずは指導過程について確認しておく。

3　古典の指導過程と学習課題について

前述のとおり、古典も現代文と同様の学習過程（指導過程）を意識したい。

「読み」の授業研究会では、現代文の読みの授業において、まず「表層のよみ」を指導し、その上で「深層のよみ」を指導するという指導過程を提唱している。これを古典の授業にも適用する。具体的には次の流れである。

【表層のよみ】
1　作品と出会う。
2　音読をする。（すらすらと読めるまで）
3　現代語訳を確認し、内容の大体を捉える。（現代語訳付きの教材の場合は、その内容を読んで確認する。現代語訳が載っていない教材の場合は、現代語訳を作成する。）
4　作品のジャンルを確認する。
※　感想や疑問を基に学習課題を設定する。

【深層のよみ】
1　全体構造を俯瞰的に読む。
2　論理・レトリックを読む。
3　評価・批評・批判をする。

右の「表層のよみ」の「※　感想や疑問を基に学習課題を設定する。」について補足する。

学習課題は、教材研究を踏まえて設定したねらいを達成させるために、基本的に教師が設定するものである。その際、特に文学的文章の教材では、子どもたちが疑問をもちそうな箇所や感想が集中しそうな箇所を想定し、子どもの思考にマッチするような学習課題を設定するよう心掛けたい。そして、子どもたちが発表した感想や疑問にうまくつなげる形で、教師が想定していた学習課題を提示する。そうすることで、その学習課題は、子どもたちにとって「先生から示されたもの」から「自分たちの疑問から生まれたもの」へと一段ランクアップする。さらに、このような学習経験を積んでいくうちに、子どもたち自身で学習課題を設定する「学習課題づくり」ができるようになっていく。子どもが問うて子どもが答える、いわゆる「児問児答」の学びへとつながるわけである。(その場合も教師は「子どもがどんな学習課題をつくるのか」を多様に想定しておく必要がある。)

なお、この学習課題を設定する活動は、現代文の教材であれば「深層のよみ」の「1　全体構造を俯瞰的に読む。」の後に行った方が効果的なことも多い。全体構造を捉えることをとおして、「深く読むべき箇所」が自ずと見えてくるからである。ただし、古典の場合は教材文が比較的短く作品構造も捉えやすいため、内容の概略をつかんだ段階で学習課題を設定した方が、自然な流れの指導過程になるものと考える。

ちなみに、学習課題には「単元をとおした学習課題」と「一時間ごとの学習課題」とがある。両者が重なり合うケースもあるが、少なくとも「表層のよみ」の最終段階では「単元をとおした学習課題」を設定したい。その上で、「一時間ごとの学習課題」を、授業の導入で提示したり子どもたちとつくったりするとよいだろう。

たとえば、私自身のこれまでの授業実践では、次のような学習課題を設定している。

①『枕草子』「春はあけぼの」の授業(小5)

・単元をとおした学習課題

「枕草子のおもしろさの秘密を探ろう」

・本時の学習課題

「作者が、烏でさえ『あはれ』と感じたのはなぜか。」

※「秋」をクローズアップし通常の烏のイメージを確認することで「そんな烏でさえ『あはれ』と感じるのはなぜだろう」という問いを引き出した。

② 『枕草子』「うつくしきもの」の授業（小5）

・単元をとおした学習課題

「『枕草子』のおもしろさの秘密をもっと探り、それを生かして『マイうつくしきもの』を書こう。」

・本時の学習課題

「『ちご』の部分の『おもしろさの秘密』は何か。」

※「意外性」を発見した右の「春はあけぼの」の学習を振り返り、「『ちご』がかわいいのは当たり前で意外性はないのに、千年も読まれているのはなぜだろう」と投げかけ、本時の学習課題へとつなげた。

③ 『徒然草』「高名の木登り」「ある人、弓射ることを習ふに」の授業（小5）

・単元をとおした学習課題

「作者は、どんな『戒め』を、どんな工夫で読者にうったえかけているのか。」

・本時の学習課題

「読者を納得させる書き方の工夫は何か。」

※単元の学習課題を基に「『戒め』を読みとる」「書き方の工夫を探る」という単元の課題を子どもと一緒に作り、ほぼそのまま本時の学習課題とした。

④ 『おくのほそ道』「立石寺」の授業（小6）

・単元を通した学習課題

「『立石寺』の箇所で作者が伝えたかったことを探ろう。」

・本時の学習課題

「『蝉の声』がしているのに、なぜ『閑さ』を感じたのか。」

※季語である「蝉」のイメージを確認することで「蝉の声がしているのに『閑さ』と言っているのはなぜか」という問いを引き出し、本時の課題へつなげた。

いずれも指導案上のものなので、実際の授業では若干文言が異なるものもあるが（子どもたちと一緒に設定したため）、「単元をとおした学習課題」とそれを踏まえた「一時間ごとの学習課題」のつながりや、学習課題の設定の仕方は、何となくイメージしていただけるかと思う。

4 『徒然草』「仁和寺にある法師」の「発問・助言・学習課題」

ここからは、秋田市立牛島小学校教頭の熊谷尚先生が秋田大学教育文化学部附属小学校に勤務されていた際の実践を参考に、『徒然草』「仁和寺にある法師」を教材とした場合の授業展開を想定し、「学習課題・発問・助言」について考えていく。(4)

仁和寺にある法師、年寄るまで石清水を拝まざりければ、心うく覚えて、あるとき思ひたちて、ただ一人、徒歩より詣でけり。極楽寺・高良などを拝みて、かばかりと心得て帰りにけり。

さて、かたへの人にあひて、「年ごろ思ひつること、果たしはべりぬ。聞きしにも過ぎて、尊くこそおはしけれ。そも、参りたる人ごとに山へ登りしは、何事かありけん、ゆかしかりしかど、神へ参るこそ本意なれと思ひて、山までは見ず。」とぞ言ひける。

少しのことにも、先達はあらまほしきことなり。

(第五十二段)

(1) 単元の目標

①古典の文章を音読し、古典特有のリズムや言葉の響きを味わうとともに内容の大体を理解することができる。

②人物の言動の表現や使われている言葉の差異などに着目し、登場人物の人物像や語り手(作者)のものの見方や考え方を読みとることができる。

③文章に表れている作者のものの見方や考え方について、知識や体験を関連づけて自分の考えをもち、感想文をまとめることができる。

※①は主に「表層のよみ」で、②③は主に「深層のよみ」でつけたい力である。

(2) 表層のよみ

次のような二時間を想定した。

第1時　『徒然草』の概要をつかむ。

第2時　「仁和寺にある法師」の原文を音読し、内容の大体を理解する。現代語訳と原文とを比べながら疑問を出し合い、皆で読み解きたい問題を見いだす。

第2時の後半が学習課題づくりの時間である。子どもたちは、原文と現代語訳を照らし合わせながら読むことで、「なぜ?」「どうして?」という素朴な疑問をたくさんもつものと思われる。たとえば、次のような疑問である。

・高僧であるはずの仁和寺の法師なのに、なぜこんな失敗(石清水を参拝できない)をしてしまったのか。

・なぜ本殿が山の上にあることに気づかなかったのか。

・なぜ「ただ一人」で行ったのか。

・なぜ「徒歩」で行ったのか。
・なぜ法師は、山の上に何があるのかを誰にも聞かなかったのか。
・法師は、誰にも言わず一人で参拝したのに、なぜ帰ってから「かたへの人」の人に話したのか。
・語り手（作者）は法師のことをどう思っているのか。

このような子どもの疑問を多様に予想しておくことが、学習課題の設定や発問・助言を吟味する際に役立つ。

熊谷先生の実践では、次のような「単元をとおした学習課題」を設定した。

これまでの学習で学んだ「読みの方法」を生かしながら、「仁和寺にある法師」のなぞを解き明かそう。

この学習課題のよさは二つある。一つ目は、たくさんの疑問を「なぜ」という言葉に集約し、「『仁和寺にある法師』のなぞを解き明かそう」という子ども心をくすぐるめあてにつなげたことである。二つ目は、なぞを解き明かすために「これまでの学習で学んだ『読みの方法』を生かす」という手法を示し、「現代文の学習で学んできたことが古典でも使えるんだよ」と意識づけていることである。学びのつながりを感じながら、主体的に取り組もうとする子どもの姿が目に見えるようである。

(3) 深層のよみ

次のような二時間を想定した。

第3時　疑問に思ったことについて話し合い、この段で作者が述べたかったことを探る。

第4時　作者のものの見方や考え方について自分はどう思うかを、感想文にまとめる。

ここでは第3時について考えていく。

第3時のねらいは次のとおりである。

普通と違う表現、または不整合な表現や内容に着目しながら法師の失敗の要因を探り、そこから見えてくる法師の人物像を読みとるとともに、作者がこの逸話を取り上げた意図を推し量ることができる。

子どもたちは多様な疑問をもつことが想定されるため、一つ一つを学習課題にしていくわけにはいかない。

学習課題の設定の仕方としては、大きく三つある。

①多くの子どもが挙げた疑問を取り上げる。

②複数の疑問を包括するような学習課題にする。

③「その学習課題について考えていく中で、他の疑問についても解決できそうだ」という見通しをもつことのできる学習課題にする。

熊谷先生の授業では、次のような本時の学習課題を設定した。前述の①②③全てに当てはまる学習課題である。

法師が、立派な寺の僧侶らしからぬ失敗を犯してしまった原因は、どこにあったのだろうか。

本時のねらいの前段「普通と違う表現、または不整合な表現や内容に着目しながら法師の失敗の要因を探る」に直結する学習課題となっている。この学習課題に対して子どもたちは次のような読みをするものと想定される。

・「あるとき思ひ立ちて」下調べもせず、思いつきで行動したから。

・「ただ一人、徒歩より」他の人から情報を全く得ずに参拝したから。

・「かばかりと心得て」自分の思い込みで判断してしまったから。

・「ゆかしかりしかど」知りたいと思ったのに、誰にも尋ねなかったから。

・「神へ参るこそ本意なれ」信心深くて真面目な性格だったから。

このように、失敗の原因を探っていくうちに、自然と法師の人物像に触れた意見が出てくるのではないだろうか。そこで次のように発問する。

失敗の原因には、法師の人物像も関係しているということですか？　法師はどんな人物だと思いますか？

本時のねらいの中段「そこから見えてくる法師の人物像を読みとる」につながる発問である。この発問に対しては、次のような意見が出されると想定される。

・「あるとき思ひ立ちて」行動力はあるものの、慎重さに欠ける人。

・「ただ一人」家族や友人のいない孤独な人。

・「ゆかしかりしかど～山までは見ず」人にものを尋ねるのは恥ずかしいと感じる内気な人。または、プライドが高すぎて質問できない人。

このように失敗談であるが故に否定的な捉え方の意見が続くこともある。その場合は、次のような助言を打つ。

マイナス面を捉えた意見が多いけれど、この法師にはいいところってないのかな?

同じ表現を根拠にしながらも、人物像を肯定的に捉えた意見も出てくる。肯定・否定の両面から人物像を捉えた上で、最後に次のうちいずれかの発問をしたい。

・作者自身は、この法師をどう思っていたのかな?
・作者がこの逸話を取り上げたのはなぜだと思う?
・「少しのことにも～」という教訓を伝えたいなら、第二段落はなくても伝わりそうだよね。なぜ第二段落を挿入したのかな?

・「ある法師」だけでも話は通じるのに、わざわざ「仁和寺にある法師」と書いたのはなぜかな?

このいずれかについて考えることで、本時のねらいの後段「作者がこの逸話を取り上げた意図を推し量ることができる」が達成される。発問を複数用意しておき、子どもたちの発言内容や反応に応じて選択することができるようにしたい。

【学習課題・発問・助言を構築する方法】
・子どもの感想や疑問を多様に想定し、子どもの思考の流れに添うような学習課題にする。
・その授業のねらいやつけたい力から逆算する。

注

(1) 竹田博雄「『対話的な学び』を成功させるための『発問・助言・学習課題』指導のコツ」『国語授業の改革20』二〇二一年、明治図書、九〇頁
(2)(3) 前掲書(1)に同じ、九〇頁
(4) 中学校国語教科書『国語2』二〇二〇年、光村図書

【「深い学び」を生み出す発問・助言・学習課題：説明文・論説文】

6 説明文・論説文の授業で発問・助言・学習課題を活かす：小学校編
――教材「すがたをかえる大豆」（国分牧衛）〈小3〉を使って

加藤　辰雄（元愛知県立大学非常勤講師）

1 はじめに

説明的文章の授業では、次の三つの指導過程をとることで子どもたちに「読み」の力を育てることができる。

①構造よみ―文章の大きな枠組（構造）を捉える。そのことで、文章を俯瞰的に読む力を育てる。

②論理よみ―構造の読みを生かし、段落相互・文相互の関係を捉えていく。論理を読む力を育てる。

③吟味よみ―構造・論理の読みを生かし、文章の優れた点・問題点を発見する。吟味力を育てる。

本稿では、この中の「構造よみ」の授業を取り上げ、どのように「学習課題」「発問」「助言」を構築していけばよいかについて提案する。そのために「すがたをかえる大豆」（国分牧衛）（小3）教材を使う。(1)

なお、説明的文章の授業では、段落番号（1 2…）をふる。また、各段落に文番号（①②…）をふる。それによって、段落相互・文相互の関係をより意識的に捉えられるようになる。授業での話し合いもスムーズに進む。

2 「すがたをかえる大豆」の構造よみの教材研究

「学習課題」「発問」「助言」を切れ味のあるものとして構築するためには、何といっても教材研究の緻密さが大切である。まずは構造の教材研究を深めたい。

「すがたをかえる大豆」は、大豆がどのように食べられてきたかの工夫について述べた説明型の文章である。

「に豆」など「大豆をその形のままいったり、にたり」する工夫、「きなこ」のように「大豆をいって、こなにひ」く工夫、「とうふ」のように「大切なえいようだけを取り出」す工夫などである。

身近にある食品が紹介されているのでわかりやすい。同時に「それも大豆だったんだ！」という驚きもある。

説明的文章の構造は、三部になっていることが多い。「はじめ・なか・おわり」である。この文章の場合、特に「はじめ」が1段落だけなのか、1段落・2段落なのかで迷う。

この文章の1段落～3段落は、次のようになっている。

> 1 ①わたしたちの毎日の食事には、肉・やさいなど、さまざまなざいりょうが調理されて出てきます。②その中で、ごはんになる米、パンやめん類になる麦の他にも、多くの人がほとんど毎日口にしているものがあります。③なんだか分かりますか。④それは、大豆です。⑤大豆がそれほど食べられていることは、意外と知られていません。⑥大豆は、いろいろな食品にすがたをかえていることが多いので気づかれないのです。
>
> 2 ①大豆は、ダイズという植物のたねです。②えだについたさやの中に、二つか三つのたねが入っています。③ダイズが十分に育つと、さやの中のたねはかたくなります。④これが、わたしたちが知っている大豆です。⑤かたい大豆は、そのままでは食べにくく、消化もよくありません。⑥そのため、昔からいろいろ手をくわえて、おいしく食べるくふうをしてきました。
>
> 3 ①いちばん分かりやすいのは、大豆をその形のままいったり、にたりして、やわらかく、おいしくするくふうです。②いると、豆まきに使う豆になります。③水につけてやわらかくしてからにると、に豆になります。④正月のおせちりょうりに使われる黒豆も、に豆の一つです。⑤に豆には、黒、茶、白など、いろいろな色の大豆が使われます。

この文章の「はじめ」には、問いがない。そのかわり話題提示がある。1段落の⑥文の「⑥大豆は、いろいろな食品にすがたをかえていることが多いので気づかれないのです。」を話題提示と見れば、1段落が「はじめ」ということになる。確かに2段落からは、たとえば②文「②えだについたさやの中に、二つか三つのたねが入っています。」のように詳しい説明に入っていると読めるかもしれない。

ただし、2段落の⑥文に「⑥そのため、昔からいろいろ手をくわえて、おいしく食べるくふうをしてきました。」とある。これも話題提示のように見える。そうすると、1段落・2段落が「はじめ」ということになる。どちらが「はじめ」なのか。

まず、1段落の⑥文と2段落の⑥文を比べてみる。

> 1 ⑥大豆は、いろいろな食品にすがたをかえていることが多いので気づかれないのです。
> 2 ⑥そのため、昔からいろいろ手をくわえて、おいしく食べるくふうをしてきました。

二つの文はとても似ている。「いろいろな食品にすがたをかえている」と「いろいろ手をくわえて、おいしく食べるくふうをしてきました」は、考えてみれば同じことを言っている。ただ主語が違うだけである。1段落⑥文は「大豆は」が主語、2段落⑥文は主語は書いていないが「人間は」が主語である。

ほぼ同じことを述べているのなら、1段落・2段落を話題提示の「はじめ」と読むのが自然である。

もう一つ、2段落⑥文を見ると「おいしく食べるくふう」という表現がある。その「くふう」に応えるかたちで、3段落から各論として具体的に「その形のままいったり、にたりして、やわらかく、おいしくするくふう」など示される。4段落は「こなにひいて食べるくふう」、5段落は「大切なえいようだけを取り出して、ちがう食品にするくふう」などである。

さらに丁寧に読んでいくと、1段落と2段落が総論、3段落からが各論ということがはっきりわかるキーワードが見つかる。「いろいろ」である。

1段落⑥文には「大豆は、いろいろな食品にすがたをかえていること」、2段落⑥文には「いろいろ手をくわえて、おいしく食べるくふう」となっている。それに対し、3段落からは「いろいろ」ではなく、「いったり、にたりして」など「くふう」の具体的な説明に入っている。

2段落⑥文の「いろいろ手をくわえて、おいしく食べるくふう」という総論。それに対し3段落からは「○○のくふう」というかたちの各論ということである。

ちなみに、この文章の「おわり」にあたる8段落は、次のようになっている。

> 8 ①このように、大豆はいろいろなすがたで食べられています。②ほかの作物にくらべて、こんなに多くの食べ方が

くふうされてきたのは、大豆が味もよく、畑の肉といわれるくらいたくさんのえいようをふくんでいるからです。③そのうえ、やせた土地にも強く、育てやすいことから、多くのちいきで植えられたためでもあります。④大豆のよいところに気づき、食事に取り入れてきた昔の人々のちえにおどろかされます。

はじめ	なか					おわり
2—1	7—3					8
話題　大豆をおいしく食べるくふうをしてきた。	3 なか1（くふう1）その形のままやわらかく、おいしくするくふう	4 なか2（くふう2）こなにひいて食べるくふう	5 なか3（くふう3）えいようを取り出して、ちがう食品にするくふう	6 なか4（くふう4）小さな生物の力をかりて、ちがう食品にするくふう	7 なか5（くふう5）とり入れる時期や育て方のくふう	まとめ　大豆はいろいろなすがたで食べられてきた。

①文に「いろいろなすがたで食べられています。」とある。つまり、この文章は「はじめ」と「おわり」で「いろいろ」と総論を述べ、「なか」で「〇〇〇のくふう」という各論を述べていることになる。

こういう形で構造的な全体像を俯瞰的に読むと同時に、この一文この一語にピンポイントでこだわりフォーカスして読むことが大切なのである。

この文章の構造は上段のとおりである。

3 「すがたをかえる大豆」構造よみの授業の学習課題・発問・助言

(1) 学習課題の設定

学習課題から考えてみる。

まずはじめに、説明的文章の組立（構造）が「はじめ・なか・おわり」の三部であることを確認する。このことは、3年上の「こまを楽しむ」などで学習している。

教師①　説明文の組立は、どうなっていましたか？

子ども　「はじめ・なか・おわり」です。

教師②　そうだったね。「すがたをかえる大豆」でも、その「はじめ・なか・おわり」を確かめよう。

以上のようなやり取りを経て、次のような学習課題を設定する。

「すがたをかえる大豆」を「はじめ・なか・おわり」に分けよう

「はじめ」だけに絞った学習課題の立て方もある。

「すがたをかえる大豆」の「はじめ」はどこまでか考えよう

学年が上がり、さらに焦点化した学習課題になることもある。たとえば次のようなかたちである。

「○○○○○」の「はじめ」が文章の中で果たしている役割を解明しよう

「すがたをかえる大豆」については、それ以前にどこまでが「はじめ」かが重要なので、「はじめ・なか・おわり」に分けること自体を学習課題とする。

学習課題には、「秘密を解き明かそう」などのように子どもの興味を引くことをねらったものもあるが、通常の表現で学びの大きな方向性を示すだけの場合もある。

(2) 発問と助言の構築

まずは、「はじめ」がどこまでかを子どもたちに考えさせる。多くの場合、1段落だけという考えと、2段落までという考えが出てくる。それぞれの考えの根拠を本文から見つけさせながら、探究を深めていく。

① 「はじめ」に問いがないことを発見する

そういう中で、子どもたちはこの文章にはこれまでのような「問い」が「はじめ」にないらしいことに気づく。

教師③　「はじめ」には、今までどういうものがあった?
子ども　問いがあった。問題があった。
教師④　「すがたをかえる大豆」の問いは?
子ども　「なんだかわかりますか。」
教師⑤　どこに書いてある。
子ども　1段落の③文です。
教師⑥　そうすると、これが「はじめ」の問いだね。
子ども　すぐ後の④文に「それは、大豆です。」と答えているので、③文は全体に関わる問いではない。

教師⑦　そうだね。「こまを楽しむ」のときは、「どんなこまがあるのでしょう。」などの問いに、「なか」でしっかり答えていたね。でも、この問いは「なか」で答えていないね。すぐ答えてしまっている。とすると、問いは？

子ども　ないかも。

教師⑧　そうだね。実は「はじめ」には、問いがないものもある。そのかわりに、「これからこのことについてお話ししますよ。説明しますよ。」という話題の提示がある。どれだろう？

その上で「はじめ」は1段落だけか、1～2段落かを考えていく。1段落が「はじめ」という子どもは⑥文「大豆は、いろいろな食品にすがたをかえていることが多いので気づかれないのです。」を挙げ、2段落までが「はじめ」という子どもは2段落⑥文「そのため、昔からいろいろ手をくわえて、おいしく食べるくふうをしてきました。」を挙げる。

右の教師③「『はじめ』には、今までどういうものがあった？」が、ここでは重要な発問となっている。既習の「はじめ」の役割を思い出させながら、この「すがたをかえる大豆」はそれとは少し違うことに気づかせていく。

教師⑥「そうすると、これが『はじめ』の問いだね。」は子どもたちを迷わせる発問である。こういう発問を「ゆさぶり発問」という。すぐに子どもは「はじめ」の問いでないことに気づく。もし、それに気づけていない子どもが多いときには、少し時間を取って、その問いに直後の「④それは、大豆です。」で答えているために、「はじめ」の役割の「問い」とは違うことに気づかせる学習をする必要がある。

教師④・教師⑤などは助言である。

② 1段落⑥文と2段落⑥文の関係を追究する

ここから、1段落⑥文と2段落⑥文の関係の読みとりに入っていく。

> 1 ⑥大豆は、いろいろな食品にすがたをかえていることが多いので気づかれないのです。
> 2 ⑥そのため、昔からいろいろ手をくわえて、おいしく食べるくふうをしてきました。

教師⑨　1段落⑥文が話題提示だから「はじめ」は1段落か。それとも2段落⑥文が話題提示だから「はじめ」は2段落までか、考えてみよう。

まず、各自で自力思考をする。次にグループで自分の考えを発表し、交流し合う。そして、グループで出た考えを学級全体で話し合う。話題提示はどこまでかをめぐって子どもたちに分裂や多様な読みが生まれてくる。

子ども　話題提示は1段落⑥文です。⑥文に「大豆は、いろいろな食品にすがたをかえていることが多いので気づかれないのです。」と大豆の話題が書いてある。

子ども　同じです。そして、2段落からは「大豆は、ダイズという植物のたねです。」と詳しく説明しているので2段落は「なか」の説明です。

教師⑩　それは何文？

子ども　①文。

子ども　話題提示は2段落です。2段落の⑥文は「そのため、昔からいろいろ手をくわえて、おいしく食べるくふうをしてきました。」と書いてあります。まだ、どんなくふうなのか詳しく書いてないから「なか」ではない。

子ども　3段落からは「『大豆をその形のままいったり、にたりして、やわらかく、おいしくするくふう』とか「くふう」が一つ一つ書いてある。

1段落⑥文と2段落⑥文がほとんど同じことを述べていることに気づかせる。

教師⑪　1段落⑥文「大豆は、いろいろな食品にすがたをかえていることが多いので気づかれないのです。」と、2段落⑥文「そのため、昔からいろいろ手をくわえて、おいしを食べるくふうをしてきました。」、どう？全く違うことを言ってる？　それとも似ている？

グループでの話し合い後、学級全体で話し合いをする。

子ども　同じことを言っているみたい。

子ども　1段落⑥文にも2段落⑥文にも「いろいろ」という言葉があります。

教師⑫「いろいろ」という言葉は、どんなときに使いますか?

子ども 一つではなくて、たくさんあるとき。

教師⑬ ということは「いろいろ」は、全体を言うときに使うんだね。一つ一つのことを具体的に詳しく説明するときに使うのではないんだね。

教師⑨「1段落⑥文が話題提示だから『はじめ』は1段落か。それとも2段落⑥文が話題提示だから『はじめ』は2段落までか、考えてみよう。」では、それまでの意見を整理して、論点を絞り、子どもたちの思考の方向を示している。これも発問である。教師⑪では、明確に「全く違うことを言ってる? それとも似ている?」と、かなり方向を明確に示しながら思考を動かしている。これも重要な発問である。⑩は助言である。

4 「学習課題」「発問」「助言」構築の方法

以下「学習課題」「発問」「助言」構築の方法を整理すると次のようになる。

① 学習課題では、本時で追究する大きな方向を示す。
② 発問では、それまで学んできたことを振り返らせながら思考を促す。
③「ゆさぶり発問」を重視する。
④ 発問では、そこまでの子どもたちの思考を整理しつつ、論点を絞っていく。
⑤ 場合によっては、発問で明確に思考の方向を示す。
⑥ 助言は、それらの発問を支える役割をもつ。

注

(1) 小学校国語教科書『国語三下』二〇一九年、光村図書

【「深い学び」を生み出す発問・助言・学習課題：説明文・論説文】

7 説明文・論説文の授業で発問・助言・学習課題を活かす：中学校編
――教材「作られた『物語』を超えて」（山極寿一）〈中3〉を使って

熊添　由紀子（福岡県八女市立見崎中学校）

1 はじめに

授業は、学習課題―発問（小課題）―助言によって展開していく。たとえば「本論2の筆者の推理に不十分さがないか考えよう」などという学習課題が設定される。本時で追究すべき大きな学習の方向の確認である。それに基づいて子どもたち一人一人が吟味をしていく。まずは自力思考である。ただし、学習課題だけだとうまく追究できない子どものために、たとえば「この前学習した『他の可能性があるかもしれないのに、それを無視している』という吟味の方法は使えないかな?」と発問する。さらに、それでもうまく思考できない子どもには、たとえば「9段落あたりを検討してみたらどうかな?」とか「9段落でどういう問題が指摘されている?」「その原因は何だと筆者は言っているの?」などの助言を打つ。

そのような自力思考で、自分なりの考えをもてた子どもは、次に四人程度のグループでそれを話し合う。そこではさまざまな見方が出され討論も行われる。その結果を学級全体に発表して、今度は全体の話し合い・討論に移る。その話し合い・討論に基づいて再度グループの話し合いを行うなど、波状的に一人一人の自力思考→グループ→学級全体→グループ……と読みを深めていく。

子どもの自力思考の過程だけでなく、グループの話し合いや学級全体の話し合いの際にも、教師は発問や助言を子どもたちに提示し、読みを深めさせていく。

そういう学習によって、子どもたちは説明的文章を吟味する力を身につけていく。

2 「作られた『物語』を超えて」の概要と文種

「作られた『物語』を超えて」（山極寿一）は、「物語」というキーワードを軸に、ゴリラに関する事例を人間の社会全体に発展させた文章である。

次のような段落から始まる。（以下、段落番号□、文番号○は熊添による。）

> 1私たちは、野生動物の行動を誤解することがよくある。かつてライオンやトラを凶暴な動物、キツネやタヌキをずる賢い動物と見なしていた。そう見えたのは、人間が彼らを追い詰めて敵対的な行動を取らせ、それを人間に都合がいいように解釈してきたからである。いわば、人間が作った「物語」である。このような「物語」は動物たちに大きな悲劇をもたらすことがある。

野生動物の行動への誤解によって作り出された「物語」は、動物たちに大きな悲劇をもたらした。ゴリラはその格好の例であり、十九世紀の探検家はドラミングをするゴリラを見て、凶暴で好戦的な動物とみなし、撃ち殺した。しかし、そのイメージは人間によって作られたものに過ぎない。ゴリラへの誤解が広まったのは、人間がある印象を基に「物語」を作り、それを仲間に伝えたがる性質をもっているからだ。こうした誤解に基づく「物語」は人間の社会にも悲劇をもたらしている。

これは筆者独自の考えであり、それを事例を挙げて論証しているので文種は論説文である。

3 吟味よみにおける「学習課題」「発問」「助言」

説明的文章の「読み」の授業では、まず文章のジャンルを確認する。説明的文章には、情報伝達のための「説明型」と仮説・主張を論証とともに述べる「論説型」がある。そのいずれかを確認する。「作られた『物語』を超えて」は、「2」で述べたとおり論説型である。その場合は、仮説・主張がどこに書かれているかを確認する。

次に、文章の構造を読む。「序論・本論・結び」という指標を使って構造を捉える。さらに「本論」がいくつの部分に分かれるかを考える。「本論1・本論2……」というかたちである。

その上で、構造の読みで捉えた各部分の論理関係を読む。柱の段落・柱の文に着目しつつ、筆者がどのように仮説を論証しているかを分析していく。

最後に、それまでの読みを生かしながら、その文章の吟味を行う。その文章の優れた点と問題点を見つけ出す。それにかかわり筆者の仮説・主張に自分は納得できるかできないかを判断する。

本稿では、その中の吟味を取り上げる。吟味の授業で、「学習課題」「発問」「助言」をどう構築していったらよいか考えていく。

4 「作られた『物語』を超えて」の教材研究

学習課題―発問（小課題）―助言を構築していく際には、教材研究が重要な位置を占める。そこでまずこの文章の教材研究を進めていく。ここでは、特に文章の優れた点と問題点を考えていく。文章吟味に関する教材研究である。

優れた点として、たとえば次の三つが考えられる。

(1) 文章の優れた点

① 身近なところから展開している

本論2で人間社会の悲劇について、まず身近なところでのうわさ話の誇張、言葉や文化の違う民族の間の「物語」の独り歩き、そして世界各地の紛争における「物語」の世代間での継承を述べる。その論理展開がうまい。

その本論1で「ゴリラのドラミングに対する誤解」などが、ゴリラの「撃ち殺し」につながったことを述べる。その上で、本論2はその類比として「世界各地で争いや衝突が絶えないのは、互いに相手を悪として自分たちに都合のよい『物語』を作りあげ」ているためと述べる。その論理展開が絶妙である。ゴリラと人間社会の誤解との類比である。

② ゴリラの生態についての説得力

ゴリラの生態について詳しい筆者のドラミングについての記述は説得力がある。何より具体的でわかりやすい。

③ 「物語」という用語法の巧みさ

「物語」にカギ括弧を付けつつ、比喩的に使っている点が効果的である。「物語」の一般的なプラスイメージを、悲劇を生むものとしてひっくり返している。

(2) 文章の問題点

問題点つまり批判的吟味としては次が挙げられる。

① 乱獲の原因は本当に「物語」だけなのか―本論1

筆者は、本論1の2段落④文で次のように述べる。

④ドラミングをするゴリラのオスを見て、襲われる恐怖におびえた探検家たちは銃の引き金を引いてゴリラを撃ち殺したのである。

また、7段落の①文・②文は次のとおりである。

①それ（「ドラミング」のこと・熊添注）を十九世紀の 探検家が戦いの宣言と誤解して、「ゴリラは好戦的で凶暴な動物だ」という「物語」を作り出したことによって、ゴリラは悲惨な運命をたどることになった。②密林の奥に潜む戦い好きな怪物をしとめようとするハンターたちの標的になり、多くのゴリラが命を落とした。

「ドラミング」への誤解が誤った「物語」を作り出し、その結果ゴリラたちは殺されていったということである。ここは、筆者の本論前半の重要な仮説である。

しかし、野生動物で殺され絶滅の危機にまで追い込まれた動物はゴリラだけではない。ライオンにしても象にしても、その他の野生動物にしても、ただの楽しみや商品価値（毛皮・象牙・剥製等）によって乱獲されたという側面があるはずである。ゴリラについてもそういう側面があったはずだが、それらのことには筆者は全く触れていない。ゴリラの「悲惨な運命」をすべて「誤解」に基づく「物語」のせいであるかのようにしている。

確かに筆者が述べるとおり、誤解に基づく「物語」が、ゴリラへの敵視を醸成したという側面も否定できない。しかし、ヨーロッパ人の野生動物の乱獲は、「物語」で片づけられない側面もある。

筆者はゴリラへの「物語」に引きつけたいがために、それらの要素を事実上無視してしまっている。

明らかに「他の可能性の無視」と言える。

②「衝突が絶えない」のは「物語」のせいだけなのか
― 本論2

本論2の9段落で筆者は次のように述べる。

9①こうした誤解に基づく「物語」は、人間の社会にも悲劇をもたらす。②何気ない行為が誤解され、それがうわさ話として人から人へ伝わるうちに誇張されて、周りに嫌われてしまうことがある。③また、同じ言葉で話し合い、誤解を解くことができる間柄なら、大きな悲劇に発展することを抑えることができる。④だが、言葉や文化の違う民族の間では、誤解が修復されないまま「物語」が独り歩きをして敵対意識を増幅しかねない。⑤私がゴリラの調査で足を踏み入れるルワンダやコンゴなどでも紛争が絶えず、肌で戦いを感じる機会が何度もあった。⑥今でも世界各地で争いや衝突が絶えないのは、互いに相手を悪として自分たちに都合のよい「物語」を作りあげ、それを世代間で継承し、果てしない戦いの心を抱き続けるからだ。⑦どちらの側にいる人間も、その「物語」を真に受け、反対側に立って自分たちを眺めてみることをしない。

④文で「誤解が修復されないまま『物語』が独り歩きをして敵対意識を増幅しかねない」と述べ、⑥文で「今でも世界各地で争いや衝突が絶えないのは、互いに相手を悪として自分たちに都合のよい『物語』を作りあげ」ていることによると指摘する。ゴリラの「物語」から類推するという手法である。

確かにそうかもしれないと一度は思う。しかし、アフリカなどでの紛争・争い・衝突は、本当に「物語」に基づく「誤解」が原因とだけ言い切ってしまってもよいのだろうか。

他にも原因は考えられないのか。たとえば、宗教対立、領土問題、貧困を含む経済問題、利権の対立、ヨーロッパやアジアの国々との関係性等である。それらが絡み合って、抜き差しならない泥沼の争いや紛争が続いている。

「物語」という要素も、その中の一つとして絡んでいることまでは理解できるが、まるでその「物語」こそが原因であるかのような述べ方には問題がある。

明らかに「他の可能性の無視」あるいは「軽視」がある。これ以外にも、そもそも「物語」という比喩的な用語が適切であるのか等の吟味も可能だが、本稿では二つの指摘に留めておく。

5 「作られた『物語』を超えて」の吟味の授業における「学習課題」「発問」「助言」

右の教材研究を生かしながら、子どもたちにこの文章を批判的に吟味する力を育てていく授業の具体を考えていきたい。その際にどういう「学習課題」、どういう「発問」、どういう「助言」が有効なのかを解明していく。最終ゴールは、言うまでもなく子どもたちに「吟味の方法」を学ばせつつ「吟味の力」をつけていくことである。

ここでは特に「他の可能性を無視していないか」という吟味の方法が鍵となる。

（1）「学習課題」について

吟味の授業で、まず考えられる学習課題は次のようなものである。

本論1の不十分な点を見つけ出そう

本論2の不十分な点を見つけ出そう

授業によっては、全体である程度の吟味をした後に学習課題を設定することもある。その場合は、たとえば次のようになる。

本論1でゴリラの乱獲は「物語」によると述べているが、本当にそう言い切ってもよいのか考えよう

本論2で世界各地で紛争が絶えないのは「物語」のせいだと述べているが、本当にそう言い切ってもよいのか考えよう

これらの吟味には、当然ある程度のリサーチ学習が必要となる。その時間や方法を十分指導しながら、吟味の学習を展開していく。

（2）「発問」と「助言」について

学習課題をどう深めていくかである。もちろん学習課題だけで吟味を展開できればよいが、なかなかそうはいかない。そのためには発問（小課題）が重要である。

① 本論1の吟味についての発問と助言

学習課題「本論1でゴリラの乱獲は『物語』によると述べているが、本当にそう言い切ってもよいのか考えよう」について、まず個人思考をさせる。思考が滞っている子どもには、たとえば次のように発問する。

2年生で『モアイは語る』を学習したとき、筆者はイースター等と地球を類比させて地球の食糧危機の原因として人口増加を挙げていたが「他の可能性を無視している」という吟味の方法を使ったね。それは使えない？

それでもうまく思考できない子どもには、次のよう

な助言を打つ。

野生動物で人間に殺され、絶滅の危機にまで追い詰められた野生動物はゴリラだけ？
他にどんな動物がいる？
それらの動物が人間に殺された理由には何が考えられる？

一人一人が自分なりの考えをもって、グループや学級全体の話し合いや討論に参加することで、子どもたちは、ゴリラの乱獲には他に原因があるにもかかわらず、それを無視してすべて誤解にもとづく「物語」のせいにしてしまっている問題点に気づいていく。

② 本論2の吟味についての発問と助言

本論2でも学習課題「世界各地で紛争が絶えないのは『物語』のせいだと述べているが、本当にそう言い切ってもよいのか考えよう」について、この学習課題だけでは思考が滞っている子どもには、次のように発問する。

ここでも本論1と同じように「他の可能性を無視している」という吟味の方法は使えないかな。

3年生は社会科の歴史学習の中で世界各地の紛争について学んでいる。そこで、「世界の主な紛争でどんなものを知ってる？」「その紛争の原因にはどんなものがあった？」と助言を打って、リサーチの時間を取れば、子どもたちは「他の可能性」に気づく。

6 説明的文章の吟味の授業でどのように「学習課題」「発問」「助言」を構築するか

説明的文章の授業では、当然のことだが、子どもたちに説明的文章を深く読むための「方法」を指導していく必要がある。今後、説明的文章を吟味する際に、自力で読み深められるようにするための方法である。そのために「学習課題」を設定し、「発問（小課題）」「助言」を構築する。

そのためのポイントの一つが、教材研究である。説明文・論説文の教材研究では、構造よみ・論理よみ・吟味よみの過程で教材を検討する。教師の教材研究の過程で、授業で子どもに学ばせたい読みの方法がだんだんと見えてくる。「学習課題」「発問」「助言」は、その授業をとおして子どもに育てたい「読みの力」や「読みの方法」が内在するものでなければならない。

「作られた『物語』を超えて」の吟味の授業でいえば、「学習課題」の「本論1でゴリラの乱獲は『物語』によると述べているが、本当にそう言い切ってもよいのか考えよう」は、「文章を批判的に読む力」をつけるねらいがある。具体的に言えば、「他の可能性を無視していないか」という吟味の方法を育てる課題とも言える。

「学習課題」を設定し、「発問」「助言」を構築するには、教材研究をとおして設定した読みのあり方（ゴール）から逆向きに考えることが必要である。

たとえば、吟味よみの優れた点である「ゴリラと人間社会の誤解との類比」から考えると、構造よみで本論1と本論2の分かれ目は決まってくる。しかし、「『物語』を作り、それを仲間に伝えたがる性質」に触れている8段落を本論1とするか本論2とするかは意見の分かれるところである。このように迷うところを取りあげて「8段落は本論1か本論2か」という発問を出すことで討論が白熱する授業になる。そして子どもに読む力が身につく授業となる。

注

（1）本文は、中学校国語教科書『国語3』二〇二〇年、光村図書による。

【「深い学び」を生み出す発問・助言・学習課題：説明文・論説文】

8 説明文・論説文の授業で発問・助言・学習課題を活かす：高校編
――教材「水の東西」（山崎正和）〈高1〉を使って

鈴野　高志（茨城県・茗溪学園中学校高等学校）

1 高校・論説文（評論）における学習課題とは

小・中学校の教科書に掲載されている説明的文章教材は、子どもの発達段階に合わせ、筆者が書き下ろしの形で執筆しているものが多く、語彙や文章レベルが高すぎて読みにくいという印象を受けるものは少ない。

しかし、高等学校の教科書の説明的文章教材は、一般書として刊行されているものや新聞等に掲載されたものをそのまま転用したり抜粋したりという例が多く、本来大人の読者を対象として書かれていたものが取り上げられているケースがほとんどである。したがって、子どもにそれなりに難度の高い文章を読ませることになる。だから、その文章に書かれている事柄を正確に理解することで一苦労である。

その上で文章構造を読み、論理関係を明らかにすることになる。そして、それらを生かしながら文章の優れた点を評価したり不十分な点を批判したりする過程が来る。

インターネットをはじめとした情報量過多とも言われるこの時代においては、単に書かれている事柄を正確に理解することを終着点とするわけにはいかない。構造・論理を把握した上で文章を吟味（評価・批判）していくことこそが、重要な課題となる。そして、そこまで読ませてこそ、子どもに高度な読みの力がつく。

その吟味の授業における「学習課題」だが、はじめからあまりにも具体的で明快なものを設定することは避けるべきである。たとえば「本論2の筆者の論証過程に事例選択の不十分さがないか考えよう」などの学習課題だと、子どもが主体的に思考する過程を奪ってしまっていることになる。

また、はじめからあまりに細かい学習課題の提示は、どこを吟味してほしいか、どの問題点を見つけてほしいかといった教師の意図を子どもが感じることにもなる。「結局先生が私たちに指摘させたいところを見つければよいだけだ」という印象を子どもたちがもつことになる。

論説文を対象とした批判的吟味のための学習課題は、まずは「この文章の不十分な点を見つけ出そう」といった、どちらかと言えば抽象的なレベルのものの方がよい場合が少なくない。その方が子どもの文章吟味に向かう意欲も喚起しやすい。

ただしそれはすべてを子ども任せにして「出たとこ勝負」のような授業を行うという意味ではない。子どもの力量にもよるが、かなり分量のある文章であればやはり教師側から吟味する範囲をある程度まで絞って提示することが必要になることもある。また「たとえばこのような観点やこのような観点がもしかしたら使えるかも」という助言が必要になることもある。「方法」の示唆を含んだ助言である。ただし、これは学級全体への助言でなく、子ども個別への助言でよい。特に「何となく」不十分さはわかるけれど具体的にそれらを言語化できない子どもに対しては、機を見て助言を打つことが必要である。

そのためには教師による事前の精緻な教材研究が必要だし、その教材研究の過程こそが授業時の助言に活かされていくことになる。

2 「水の東西」概要と文章構造

「水の東西」[1]は、現在の高校必修科目である「現代の国語」の、ほとんどの出版社の教科書に採用されている。またいずれも教科書の前半部に掲載され、高校で読む評論の入門的な教材の一つとして位置づけられているようである。ただし評論とはいえ、随筆的性格の強い文章であることは否めず[2]それが文章の弱さにもつながっている。全体としては水についてのとらえ方の東（日本）と西（西洋）の対比という二項対立を基本に書かれており、評論の入門用教材としてふさわしいという見方が、国語科教員の間にも浸透しているものと考えられる。

教材は11段落から構成されており、日本の「鹿おどし」を話題として提示した1段落が〈序論〉と考えられる。

その「鹿おどし」の話題を受け、2段落以降ではそれに代表されるような水の流れ方を好む東（日本）と、噴水のような人工的な造形物によって噴き上げられる水を好む西（西洋）を比較していく。〈本論〉は大きく三つに分けることができる。2～4段落、5・6段落、7～10段落の三つに分けられ、それぞれの最後の段落で東西の「水」のとらえ方の違いを「流れる水と、噴き上げる水。」、「時間的な水と、空間的な水。」、「見えない水と、目に見える水。」と対比的に述べる。

そして10段落の「見えない水」を受けた11段落で「我々は水を実感するのにもはや水を見る必要さえないといえる」と述べ、話題を最初の鹿おどしに戻し、「そう考えればあの『鹿おどし』は、日本人が水を鑑賞する行為の極致を表す仕掛けだといえるかもしれない。」と文章を締めくくる。11段落のみを〈結び〉とする。

3 〈本論3〉の論理よみ

さて、本稿では後に〈本論3〉を吟味するための学習課題、助言を提案するため、ここではまず〈本論3〉に相当すると考えられる7～10段落を引用して示す。（段落番号□、文番号○は鈴野による。）

7 ①そういうことをふと考えさせるほど、日本の伝統の中に噴水というものは少ない。②せせらぎを作り、滝をかけ、池を掘って水を見ることはあれほど好んだ日本人が、噴水の美だけは近代に至るまで忘れていた。③伝統は恐ろしいもので、現代の都会でも、日本の噴水はやはり西洋のものほど美しくない。④そのせいか東京でも大阪でも、街の広場はどことなく間が抜けて、表情に乏しいのである。

8 ①西洋の空気は乾いていて、人々が噴き上げる水を求めたということもあるだろう。②ローマ以来の水道の技術が、噴水を発達させるのに有利であったということも考えられる。③だが、人工的な滝を作った日本人が、噴水を作らなかった理由は、そういう外面的な事情ばかりではなかったように思われる。④日本人にとって水は自然に流れる姿が美しいのであり、圧縮したりねじ曲げたり、粘土のように造型する対象ではなかったのであろう。

9 ①言うまでもなく、水にはそれ自体として定まった形はない。②そうして、形がないということについて、恐らく日本人は西洋人と違った独特の好みを持っていたのである。③「行雲流水」という仏教的な言葉があるが、そういう思想はむしろ思想以前の感性によって裏づけられていた。④それは外界に対する受動的な態度というよりは、積極的に、形なきものを恐れない心の表れではなかっただろうか。

10 ①見えない水と、目に見える水。

この部分の論理関係は以下のようになっている。

まず筆者は7段落の①文で日本の伝統の中に噴水が少ないことを述べ、②文ではそれを詳しく「せせらぎを作り、滝をかけ、池を掘って水を見ることはあれほど好んだ日本人が、噴水の美だけは近代にいたるまで忘れていた。」と説明する。さらに③文で日本の噴水はあっても西洋のものほど美しくない（③文）ことを述べる。

その理由について次の8段落で、西洋の空気が乾いて人々が噴き上げる水を求めたのに対し、

日本人にとって水は自然に流れる姿が美しいのであり、圧縮したりねじ曲げたり、粘土のように造型する対象ではなかったのであろう。（④文）

と述べる。この筆者による理由づけが一つの仮説である。

さらに、そのような「独特の好み」を生じさせた大元にある日本人の心性を9段落で、

外界に対する受動的な態度というよりは、積極的に、形なきものを恐れない心の表れではなかっただろうか。（④文）

と述べている。これも仮説と考えてよいだろう。

そしてこの7〜9段落で述べたことを前提として、10段落①文で「見えない水と、目に見える水。」として結論づけているのである。

4　吟味よみ

ここまでの読みをもとに文章を吟味していく。

ここでは、特に〈本論3〉における文章の不十分なところについての、いわゆる〈批判的吟味〉を行う。「水の東西」は随筆的ではあるが論説型の文章であるため、特に筆者の論理展開とそれをもとにした主張に説得力があるか、という点に重点をおいて吟味していく。

(1)「見ることを好んだ」と「見えない水」の矛盾

論理よみのところで見たように、まず本論3では7段

落の①文で述べた「日本の伝統の中に噴水というものは少ない」ことを、次の②文で、

> せせらぎを作り、滝をかけ、池を掘って水を見ることはあれほど好んだ日本人が、噴水の美だけは近代に至るまで忘れていた。（傍線・鈴野）

と述べる。ところが、この7段落に始まり8・9段落を経た上での10段落の結論は、

> 見えない水と、目に見える水。（傍線・鈴野）

となっている。つまり前提の中に「水を見ることをあれほど好んだ日本人」と書いておきながら結論での東（＝日本）については「見えない水」と言い切っているのである。これは明らかに矛盾であろう。

（2）「せせらぎを作り、滝をかけ、池を掘って」は「自然」なのか

さらにこの7段落の記述に関わっていえば、筆者は8段落の④文で次のように述べている。

> 日本人にとって水は自然に流れる姿が美しいのであり、圧縮したりねじ曲げたり、粘土のように造型する対象ではなかったのであろう。（傍線・鈴野）

「せせらぎを作り、滝をかけ、池を掘って水を見る」ことは「自然に流れる姿」を見ることだというのだろうか。確かに噴水ほど人工的なものとは言えないかもしれないが、もともとの自然に手を加えている以上、作った「せせらぎ」や「滝」や「池」も「造型」であって「自然に流れる姿」というには無理がある。飛躍または矛盾と言ってよいだろう。

（3）「水の東西」全体から浮かび上がる筆者の価値観

この8段落の記述に気づかせることができれば、「水の東西」という文章全体が発している筆者の価値観についても子どもに考えさせることができる。筆者の考えに沿うならば、「（水を）圧縮したりねじ曲げたり、粘土のように造型する」とは西洋の人々が噴水を好んで作るそ

の嗜好性について述べたものに間違いないが、この表現にはそれを否定的に捉えているニュアンスがある。

そもそも噴水における「造型」は、その噴水の装置や設備自体がそうなのであって、水は水としてただ噴き上げられているだけである。5段落にも「エステ家の別荘」の噴水を「バロック彫刻さながら」とあるが、彫刻のように見えるのは水そのものではなく噴出させる装置である。9段落にある日本人にとっての水の姿を「形なきものを恐れない心の表れ」と述べたかったために、8段落であたかも西洋人が水を「圧縮したりねじ曲げたり、粘土のように造型する対象」としていたように書いている。

また、ここで用いられている「ねじ曲げる」には「故意に歪める」という意味もあり[3]、それがさらに噴水を好んで作ることへの否定的なニュアンスを強めている。

5　吟味よみの授業における学習課題と助言

この文章の吟味よみの学習課題は、次としたい。

〈本論3〉の論理展開の問題点を見つけ出そう。

そして吟味よみの（1）に対応する主要な問いを、次のように設定する。

本論3の結論10段落「見えない水と、目に見える水。」だけど、この10段落とその前提となっている7～9段落の対応に問題点はないか。

この問いで、子どもは10段落の言葉を確認しつつ、それと7～9段落とを見比べて検証を始める。結論とその前提となる部分の対応を検証することは、「水の東西」以外の論説型の文章を吟味する際にも大変有効である。

子どもがこの段階で矛盾に気づかなければ、言葉を絞って助言を出す必要がある。

助言①　10段落の「見えない水」っていうのは日本の方を指しているね。それは直前9段落の「形なきものを恐れない心の表れ」を受けていると考えられるけど、では日本では水を見ないっていうこと?

ここまで助言を行えば、子どもは7段落の「～水を見ることはあれほど好んだ日本人」という記述に気づく。
吟味よみの（2）に対応する柱の発問は、次である。

> 7段落の「せせらぎを作り、滝をかけ、池を掘って」っていう部分に注目しよう。このことと相反するような記述はない？

これが8段落に書かれている「日本人にとって水は自然に流れる姿が美しい」に相当する内容であることに気づかせたいが、子どもが気づかなければ次の助言を打つ。

> 助言②「せせらぎを作り」の「作り」、「滝をかけ」の「かけ」、「池を掘って」の「掘って」に注目してごらん。三つとも、要するにどうするっていうこと？

これらがすべて加工すること、すなわち「造型」と言い換えられることに気づけば、8段落の相当部分に近づくことができるだろう。これは「作る」「かける」「掘る」という動詞の上位のカテゴリーに気づかせる助言でもある。それでも気づかない場合はさらに次の助言を打つ。

> 助言③筆者は日本人にとってどんな水がいいって言っているの？「美しい」って言っているの？

子どもたちは、「自然」との矛盾に気づけるはずである。助言はできるだけ子どもに考える余地を与えるものから、少しずつ強い具体的なものに変えていくよう順序を考えて打っていく必要がある。
最後に、吟味よみの（3）に対応する問いである。

> 本論3から読みとれる筆者の価値観はどんなものだろう？

この吟味は筆者の思想的な部分にまで踏み込んでいくやや難度の高いものであり、助言もかなり練っておく必要がある。以下、発問と助言について、授業での子どもたちとの具体的なやりとりを想定して示す。

教師　筆者の価値観、読みとれないかな？
子ども　価値観って……？
教師　8段落では西洋との水の好みをどう対比してい

る？（助言④）

子ども　西洋は空気が乾いているから、あとローマ以来の水道の技術があったから噴水を作るのが有利で、日本は自然に流れる姿が美しいっていうこと…

教師　そうだね。じゃあ、日本のほうの「水は自然に流れる姿が美しい」ってある文の中には西洋の考えが書いていないかな？（助言⑤）

子ども　直接は書いていないけど……

教師　書いていないけど……？

子ども　「圧縮したりねじ曲げたり、粘土のように造型する対象」っていうのが西洋を指していると思う。

教師　（「圧縮したり～」以下を板書して）この表現からどんなニュアンスが感じ取れる？（助言⑥）

子ども　なんかちょっと悪く言っているような……

教師　そうだよね。否定的だよね。特にどの言葉からそれが感じられそう？（助言⑦）

子ども　「ねじ曲げたり」。

教師　特にそこだよね。そもそも「圧縮したりねじ曲げたり、粘土のように造型する対象」ってあるけど、じゃあ西洋の噴水というのは、本当に水自体を「圧縮したりねじ曲げたり、粘土のように造型」したものなのかな？（助言⑧）たとえば5段落にも「エステ家の別荘」の噴水について「揺れ動くバロック彫刻さながら」って表現されていたけど、噴水の水自体が「彫刻さながら」ということ？　彫刻に似ていると感じられるのは、噴水のどの部分？（助言⑨）

注

（1）本稿では『精選 現代の国語』二〇二二年、東京書籍に拠った。

（2）筆者である山崎正和自身が大修館書店によるインタビューの中で、「水の東西」は評論ではなく随筆であると語っている記録がある。（インタビュー「私の国語教育論」山崎正和（https://www.taishukan.co.jp/kokugo/media/blog/?act=detail&id=25）

（3）『明鏡国語辞典』第三版、二〇二一年、大修館書店

参考文献

岩崎成寿「高校部会研究報告『水の東西』の吟味よみ」『読み研通信』77号　二〇〇四年、「読み」の授業研究会

1 子どもたちが新しい発見を生み出す「助言」の方法

岩崎 成寿（滋賀県・立命館守山中学校・高等学校）

1 はじめに

授業を子どもたちにとって興味あるものにするためには、一時間の中で何らかの「新しい発見」がもたらされることが望ましい。少なくとも、それを意識的に追究することは必要である。それはたとえば、「典型的な四部構造と違い、この作品には導入部と終結部が省略されているな」という発見であり、「A君は僕とは全然違う意見だったけど、とても説得力があったな」という発見である。そうした「新しい発見」を生み出すためには、教師が「助言」をどのように準備し、実際の授業でどのように使用するかが鍵となる。

かつて大西忠治は、授業中に教師が発する言葉を「指導言」として体系化し、その中で柱の機能を持つ「提言」と、補助的な機能を持つ「助言」に分類した。阿部昇は、大西の「指導言」論を批判的に検討し、「助言」を「『読みの方法』を教える助言」と、「子どもの発言を促し評価し整理する助言」とに再整理した。[1]

本稿では、阿部による再整理をふまえつつ、子どもが新しい発見を生み出す「助言」のあり方について論じる。

2 「助言」の二分類

(1) 「読みの方法」を教える「助言」

阿部は、「助言」の役割として、「読みの方法」を教えることを第一に指摘している。「読み」の授業研究会は、子どもが今読んでいる文章をどう読むかだけでなく、他の文章にも適用できる「自立した読みの力」を身につけられることを重視してきた。阿部は、その役割を「助言」が担っているとしたわけである。「読みの方法」を教える「助言」の例を以下引用する。


「このクライマックスは、解決から破局？　それとも破局から解決？」

「解決が決定的になるのはどの一文か考えてごらん」

「この場面で一番大きく勢力関係が動くのはどの文？」

「『蒼白』と『青白い』と、どう違う？」

「『どういうわけか』をなくしてみると、ある場合とどう違う？」

〈中略〉直接にはその場で読みとりの「ヒント」を与えているということではあるが、実はそれを通じて別の文章の読みとりにも使える「読みの方法」を教えているのである。(2)


「読み」の授業研究会では、文学作品の「読みの指導過程」を「構造よみ―形象よみ―吟味よみ」の三つとし、さらに細分化した方法を体系的に明らかにしている。右に引用した例でいうと、各「助言」の元になる「読みの方法」は次の通りである。ここでは「クライマックスの指標」と「形象よみの方法」を示す（右の「助言」のうち、一〜三番目がクライマックスに関するもの、四・五番目が差異に着目した読みに関するものとなる）。

事件がそこで決定的となる
大別して「破局→解決」と「解決→破局」とがある。その際、a少しずつ兆候が見え始めクライマックスを迎える、bクライマックスで予想外に大きく転化する（驚きを伴う）などがある。
別の表現・内容に替え、その差異に着目して読む
表現・内容を欠落させ、その差異に着目して読む(3)

取り扱う教材で教えたい「読みの方法」が明確であれば、それらを「助言」の形に転換して何パターンか用意しておくことで、「授業計画案」が完成する。

(2) 子どもの発言を促し評価し整理する「助言」

阿部は、「助言」の二つ目の役割として、子どもの発言を①「促す」、②「評価する」、③「整理する」の三

つの要素に整理した。

まず①は、「まだ読めるぞ」「えっ、読めるのはそれだけ?」「さあ、もう一つ読んでみよう」といったかたちで子どもたちの読みとりを促す。そして、それによって発言を促す。ここには、援助・挑発といった要素が含まれてくる。

②は、「よし、それだ」「さすが、そこまで読めれば大学生なみ」「もう少し、それをさっきの表現で言うと?」「それはさっきの『明るさ』と同じだね」「それは読み過ぎ」というように子どもたちの読みとり・発言を評価する。これによって子どもたちは読みのあり方を学びつつ、より高次の読みに挑んでいく。

③は、「これで三つの肯定的な形象が読めた。一つは……」「それはつまり明るさと暗さの対比ということだね」「だから後悔したということ」などといったかたちで子どもたちの読みとり・発言を整理し、位置づけていく。(4)

さらには、「声の高低・大小、しゃべる速度、イントネーション・プロミネンス、間。さらには発するときの教師の表情。視線。教師の立っている位置、教師の体の構え等」、「子ども(たち)と自分(教師)との関係性・子ども相互の関係性」といった、「演劇的」「演出的」要素、教師の「身体」のあり方が重要としている。(5)

これらの「助言」は、「読みの方法」を教える「助言」とは異なり、授業準備として事前に計画するという性格のものではない。「読みの方法」を教える「助言」は教材に基づいて用いられるが、これらの「助言」は子ども集団の状況に基づいて用いられるものであるといえよう。たとえば、発言が出にくい雰囲気のある子ども集団であれば、発言を「促す助言」が中心になるだろうし、反対に積極的に発言する子ども集団であれば、議論が拡散しないよう「整理する助言」を用いることが多くなるだろう。

いずれにせよ、「促し評価し整理する助言」は、非言語コミュニケーションの要素をも含み、授業のトーンを形作る上で重要な「助言」となる。多分にアドリブ力が必要となるが、ふだんから「促す」「評価する」「整理する」ことを意識して授業に臨んでこそ、アドリブ力は磨かれるものである。時には自分の授業を録画・録音し、自己分析することで、これらの「助言」は訓練できる。

3　「正解主義」に陥らないための「助言」の考え方

(1) 阿部による大西の助言論批判

ところで、阿部は先の論考において、大西の「助言」の考え方の中に「正解主義」に陥る要素があることを指摘している。

> 〔前略〕教師が教えたいことを子どもたちがはみ出る、または超える――ということも授業ではしばしば起こることではないのか。そして、「起こりうること」というだけでなく、むしろある段階からは教師はそういった「逸脱」や「超越」を意図的に待ちかまえる姿勢が必要なのではないか。〔中略〕
>
> 引用した大西の助言論では、その要素が欠落してしまう危険がある。「教師が把握している解答」をそれを把握していない子どもたちに一方的に教えるのが授業であり、それを有効に行うために助言があるという理解だけを生んでしまう危険である。それは下手をすると、助言が教師が用意した「解答」を子どもたちに見つけさせるための「誘導尋問」になってしまうということでもある。いわゆる「正解主義」に陥るということでもある。[6]

教えるという行為が単純な知識の伝達であれば、「正解」を知っている教師と知らない子どもという構図になり、それが「誘導尋問」の形になることは自然な成り行きともいえる。新学習指導要領における「主体的対話的で深い学び」や「探究型の学び」の広がりにより創意工夫が実践されてきているものの、全国の多くの教室で子どもが「授業では先生が『正解』を教えるもの」と見ている実態があることは否定できないであろう。

国語科においては、語彙・文法・文学史等の「基礎・基本」事項については「正解」があるが、文章の「読み」には解釈の多様性があり、唯一の絶対的な「正解」があるわけではなく、「納得解」「共通解」があると考えるべきである。

なお、国語科においてそうした実態が払拭できない根本に、学習評価の問題があると筆者は考えている。とりわけ「自立した読みの力」の育成という観点がないと、「授業で教師が提示した解釈を暗記してテストで再現する」ことが国語科の学習であるという見方になりかねない。この点については、拙稿を参照いただきたい(7)。

(2)「評価する助言」のあり方

では、「正解主義」に陥らないためにはどうすればよいか。鍵を握るのは、「評価する助言」の扱い方である。「評価する」という以上、「子どもの発言が正しいか、正しくないか」というニュアンスを含むことになるからだ。以下、「評価する助言」のあり方を提案する。

①子どもの発言する姿勢を評価する

子ども集団の状況にもよるが、特に初期段階に発言が出にくい雰囲気がある場合は、発言内容ではなく発言する姿勢を評価することが重要となる。たとえば、「発言してくれてありがとう」「勇気を出して発言してくれたね」等の「助言」が有効である。また、大発明や大発見の裏には数え切れないほどの失敗や間違いがあった事例の話をする等、「間違うことの大切さ」を強調し、発言を促す工夫を日常的に心がけたい。

②否定する場合は肯定的なトーンと抱き合わせる

授業中の子どもの発言の中に漢字の読み違いや文法事項の誤解等、「基礎・基本」事項に関わる間違いがあった場合、文章の「読み」をめぐって明らかな誤解があった場合は、別の子どもからの指摘を促しつつも、教師が否定する必要がある。その際、部分的に肯定的評価を加えたり、非言語コミュニケーションによって明るいトーンで間違いを指摘したりする「助言」を使うことにより、子どもの受け止めを和らげる工夫がほしい。たとえば、「今、直喩と言ったけど、比喩であることの指摘は良い。でも、ここでは『ような』がないね。そういう比喩を何と言うかな?」のような「助言」である。

③子どもの発言内容の正誤に過度に反応しない

授業中に子どもが教師の想定する「読み」に極めて近い発言をした場合、「鋭い発言だね!」等と過度に反応してしまうことがある。反対に、教師の「読み」と遠い場合は渋い反応をしてしまうものである。明るいトーンを保ちつつ「なるほど」「○○という主旨の意見だね」等、できるだけ同じリアクションで「助言」を返すよう心がけたい。そして教師の「読み」との距離(正誤)に関係なく、「その理由は？」「本文のどこから読めるの？」と理由・根拠を挙げさせ、「みんなはどう思う？」と全体の反応を促す「助言」を使う。そうすることで、「どの意見が教師の考える正解に近いのか」ではなく、「理由・根拠が明確な意見に価値がある」ということを教えることになる。

④教師の「読み」を唯一の「正解」として提示しない

前項での指摘同様、「教師が提示した正解を覚える」ことが国語科の学習ではないことを示すためには、授業で教師の「読み」を提示しないことがあってもよい。

たとえば、構造よみのクライマックスの「読み」において子どもから有力な意見が出され、全体が納得した状況となった場合、あえて教師の側から意見を出さずに終え、「みんなが納得したようだね。では、クライマックスはここ、理由は○○ということでまとめます」のような「助言」で十分である。この場合、クラスによって異なる結論が導かれることがあり得る。後に子どもたちの間で、「クラスによってクライマックスの場所が違うらしい」ことが話題になる方がむしろ望ましい。理由・根拠が明確で説得力があることに価値があることを教えられるからである。

議論が膠着して教師の「読み」を提示する場合でも、それを「正解」として説明すべきでない。たとえば、「先生は○○の理由で○○と考える。でも、だからと言ってこれが『正解』というわけではない。○○の見方も有力だと思う」のような「助言」により、あくまで教師の意見は相対的なものであることを強調しておきたい。

注

（1）阿部昇「二つの『指導言』をめぐる一考察―『授業崩壊』を乗り越え『生き生きとした授業』を創り出すために―」「読み」の授業研究会『研究紀要Ⅰ』一九九九年
（2）前掲書（1）一二五頁
（3）阿部昇『増補改訂版 国語力をつける物語・小説の「読み」の授業―「言葉による見方・考え方」を鍛えるあたらしい授業の提案―』二〇二〇年、明治図書、六〇頁、一七三頁。なお、引用に際して項目番号を省略した。
（4）前掲書（1）一二八頁
（5）前掲書（1）一二八頁
（6）前掲書（1）一二九頁
（7）岩崎成寿「「読むこと」の学習評価に関する一考察」「読み」の授業研究会『研究紀要19』二〇二三年

2　子どもたちの探究を深める「学習課題」設定の方法

熊谷　尚（秋田県秋田市立牛島小学校）

1　子どもたちの探究を深める「学習課題」とは

私たち教師は、国語の読みの授業を構想するとき、まずはじめに授業の「目標・ねらい」を設定する。子どもたちに何を学ばせ、どんな「読みの力」を身につけさせるのか、その授業で行き着こうとするところを明確にかつ具体的に考えることは、授業づくりの第一歩である。

そして、「目標・ねらい」を達成するために、その授業で解決すべき大きな問いとして設定するのが「学習課題」である。「なぜ〇〇〇〇なのだろうか」「〇〇〇〇とはどういう意味なのだろうか」といったように、子どもが考えてみたくなるような「問いかけ」の形で示すことが多い。次は「海の命」（立松和平・小６）の場合の、「ねらい・目標」と「学習課題」の具体例である。

・**目標・ねらい**　太一がクライマックスで瀬の主を殺すのをやめた理由を考えることを切り口として、父親的生き方から与吉的生き方への太一の変容を読みとる。それによってクライマックスから伏線に戻ったり、クライマックスと終結部（エピローグ）とをつなげたりしながら人物の変容を読みとる方法を学ぶ。

・**学習課題**　なぜ太一は瀬の主にもりを打たなかったのだろうか

では、子どもたちの探究を深める「学習課題」は、どのようにして構築すればよいのだろうか。

何よりすべての子どもがその課題の探究に、喜びや手応えを感じられるものでなければならない。国語の得意な一部の子どもだけでなく、すべての子どもが「読むこと」の楽しさを感じながら生き生きと探究することができる学習課題でなければならない。

次に、その探究をとおして子どもに確かな「読みの力」を身につけさせることのできる学習課題でなければならない。楽しさばかりが先に立って、何を学んだか曖昧になってはならない。授業のねらい・めあてに即した学習課題の設定が重要である。

さらに、子どもたちの多様な「読み」を引き出すことのできる学習課題でなければならない。意見が割れずにすぐに一つの考えにまとまってしまうようでは、子どもどうしの「対話」は生まれにくい。対話をとおして多様な考えを交流する中で子どもは、それまで見落としていたことに気づいたり、新たな考えを見いだしたりすることができる。「対話的な学び」こそが「言葉による見方・考え方」を育てる「深い学び」につながる。

学習課題は、はじめは教師主導で設定していくしかない。しかし、常に教師の一方的な課題提示ばかりを続けていると、子どもは受け身になっていく。主体的な読み手を育てることにはつながらない。学習課題を学習の主体者である子どもたちのものとして意識させていくことが重要である。その際に、子どもたちの教材への「なぜ」「どうして」を大事にする必要がある。

> 子どもたちの「なぜ」「どうして」という問いを引き出しながら、子どもと教師で学習課題を創り出す。

このことを大事にしたい。そのためには、子どもがより質の高い「問い」を生み出せるようにしていくことが求められる。それはつまりは「読む力」を少しずつ系統的に育てていくということである。もう一つは、初発の感想を大事にすることである。

2 「構造よみ」を生かして学習課題を創造する

本稿では、物語・小説の「読み」の授業に絞って、子どもたちの探究を深める「学習課題」をどのように設定・創造していったらよいかについて考えていく。

物語・小説の「読み」の授業では、「初発の感想」から学習課題を作る活動が多くの教室で実践されている。「不思議だな、よくわからないな、みんなで話し合ってみたいなと思ったことを書いてね」と言葉を添えると、子どもからさまざまな「問い」を引き出すことができる。それらを交流させながら、学級全体で取り上げる学習課題を絞り込んでいく。子どもの思いや願いを大切にしているという点では評価すべきやり方なのかもしれない。

しかし、このようなやり方はかなりの時間を要し効率が悪い上に、質の高い学習課題を生み出しにくい。子どもが初読の段階で抱く「問い」にはそれぞれに強いこだわりがあるので、話し合いがなかなかまとまらない。また、「問い」の中身も玉石混交であり、多数が支持するものが真に探究に値するものとは限らず、結局は教師が誘導して学習課題を決めるということもしばしばである。このような隘路に次の方法をお勧めしたい。

構造よみ特にクライマックスの読みの後の「初発の感想」で出された「問い」を精査させる。

物語・小説の指導過程の第一読に当たる「構造よみ」では、「導入部―展開部―山場―終結部」といった作品構造を捉えたり、人物相互の関係の変化、中心人物の内面の葛藤・変化などといった「事件」の形象の関係性・方向性を捉えたりする。特に事件の最大の節目である「クライマックス」に着目することで次第に浮き上がってくる。この「構造よみ」をおろそかにして学習課題づくりをすると、部分や細部ばかりに子どもの目が行きがちになり、作品の本質とはズレた些末な「問い」も俎上に上がることとなる。その結果、学習課題づくりに膨大な時間を費やすこととなってしまう。

そこで、「構造よみ」で作品の全体像を俯瞰的に読みとったあとに、「初発の感想」で書いた「問い」を今一度見直してみるよう促すのである。「たくさん書いた『問い』の中で特に大事にしたい『問い』はどれですか。3つに絞って大事だと思う順番に1、2、3と順番を付けてみましょう。」というように具体的な指示を与え、子ども自身に「問い」の良し悪しを精査させる。作品の全体像を捉えたあとなので、すぐに答えがわかるものや学級全体で話し合うほどではないものなど、重要度の低い「問い」を子ども自身で除外していくことが可能となる。

さらに、作品の「クライマックス」や「主要な事件」を捉えているので、それらに深く関連する「問い」に自ずと関心が向き、「これがこの物語の最大の謎だ。」「このことは絶対にみんなで話し合いたい。」といった発言が増え、子どもの追究意欲も増幅していく。先ほど具体例として挙げた「海の命」の「なぜ太一は瀬の主にもりを打たなかったのだろうか。」という学習課題は、まさに、「構造よみ」を経た子どもたちが「この謎は絶対に解明したい」と口を揃えて言ったものであり、作品の主題に迫るために、是非とも取り上げて子どもたちに考えさせたい学習課題であった。

このようにしていくと、その教材（単元）全体にかかわるより大きな学習課題を創造することができる。

3 「形象よみ」で学習課題を創造する

「2」では、単元全体を貫く大きな学習課題の創造について考えたが、もう少し狭い範囲の学習課題について考えてみたい。まずは「形象よみ」の際の学習課題の創造である。

（1）導入部の形象よみにおける学習課題―「人物設定」への注目

事件展開の面白さを味わうのが物語・小説の醍醐味であるが、その事件展開の前に、登場人物の紹介や、それまでどういう日常が繰り返されてきたかといったエピソードなどが書かれていることが多い。それが「導入部」である。導入部には、人物・時・場の設定や先行事件、語り手の設定などが書かれているが、その中でも特に注目すべきは「人物設定」である。

「スイミー」（レオ＝レオニ・小2）の導入部には「みんな赤いのに、一ぴきだけは、からす貝よりもまっ黒。およぐのは、だれよりもはやかった。」「名前はスイミー。」という人物設定があるが、これは、クライマックスの「ぼくが目になろう。」に大きく関わっている。スイミーが目になることで大きな魚が完成した。黒くて速いスイミーだからこそ、仲間を導く目＝リーダーになれたのである。この「みんな赤いのに、一ぴきだけは、からす貝よりもまっ黒。」には、黒を強調するために八つ以上のレトリックが使われている。スイミーの黒さの強調は、「異質性をもつものこそが集団を救う」という主題の一つにもつながる重要な伏線である。

だから、ここではたとえば次のような学習課題が考えられる。

「スイミー」の前話（導入部）では、スイミーはどんな人物として紹介されているだろう

あるいは次のような学習課題も考えられる。

前話（導入部）では、スイミーの黒さがどんなふうに強調されているかひみつを見つけよう

この学習課題は、ある程度まで導入部の仕掛けが見えてきたところで創造することになる。

(2) 展開部・山場の形象よみにおける学習課題
―「事件の発展」への注目

「展開部」からいよいよ事件が動き始め、「山場」で急展開を見せる。そして、クライマックスで事件は決定的な局面を迎える。展開部・山場ではまず、事件が大きく展開し変化するところ、すなわち「事件の発展」に関わるところに注目すべきである。単に「事件が進展した」というレベルで捉えるのではなく、それに伴って「人物相互の関係がどう変化したか」や「人物の内面の葛藤はどういうものか」などを読み深める必要がある。

「大造じいさんとガン」（椋鳩十・小5）では、構造よみの際に、この物語の事件が「大造の残雪に対する見方の変化」によって成り立っていることを読みとっている。だから単元全体の学習課題としては「大造の残雪に対する見方がどう変わっていったかを読みとろう」が既に設定されていることが多い。

それを受けて、展開部・山場の形象よみでは、次のような学習課題が創造されることが多い。

展開部で大造の残雪に対する見方はどのように変わっていったかを確かめよう

この見方の変化の節目が「事件の発展」である。

大造は、ガンの群れを捕まえるためにさまざまな作戦を考えて実行する。しかし、残雪のために作戦はことごとく失敗に終わる。その度に大造じいさんの残雪に

対する見方が変化する。

「ううむ。」／大造じいさんは、思わず感嘆の声をもらしてしまいました。

↓

大造じいさんは、広いぬま地の向こうをじっと見つめたまま、／『ううん。』／と、うなってしまいました。

それらがクライマックスでは「大造じいさんは、強く心を打たれて、ただの鳥に対しているような気がしませんでした。」に収斂されていく。山場のクライマックスはもちろんだが、展開部でも、少しずつ大造の残雪に対する見方が発展していることが見えてくる。

さらに、事件が展開する中で主要人物が新たに見せる「新しい人物像」にも注目すべきである。「新しい人物像」を問う学習課題を設定することもある。

4　「吟味よみ」で学習課題を創造する

子どもは、作品に共感したり納得したり、あるいは、違和感を持ったり反発したりしながら作品を読み進めているはずである。そして、読み終わるころには、誰かに薦めたいと思うほどに作品に好印象をもったり、逆に、つまらない作品だったと悪印象をもったりするであろう。作品の感じ方は飽くまでも個々人のものだが、より主体的な読み手を育てるという観点から、国語科の授業において、作品を吟味・評価するための手がかりとなる指標やその方法を学ばせていくことは、今後、ますます重視されてくる。

「吟味よみ」では、次のような学習課題が考えられる。

> この作品で一番好きな場面はどこ？　なぜ？
> この作品が好き？　嫌い？　それはどうして？
> 主人公の〇〇に共感できる？　できない？　なぜ？
> 作品のクライマックス（または結末）に納得できる？　できない？　どうして？

参考文献

阿部昇『増補改訂版　国語力をつける物語・小説の「読み」の授業』二〇二〇年、明治図書
阿部昇『物語・小説「読み」の授業のための教材研究』二〇一九年、明治図書

3　質の高い「振り返り」を実現するための指導の方法

永橋　和行（京都府京都市立梅津小学校非常勤講師）

1　「振り返り」とは何か

授業における「振り返り」とは、子ども自身が学習した内容の到達度を自己評価することである。「振り返り」は、本時あるいは単元全体の終盤に設定し、子どもが学んだことを子ども自身が整理し、次の学習に生かすために行う学習活動である。

庄司伸子[1]は、「振り返り」によって得られる利点について、次のように指摘している。

①学習者自身が「できた」「分かった」を自覚できる。
②他者と関わり合うことで学びの変容や深まりを得ることができる。
③教師が外言化された学習者の反応を得ることができ、評価や次時の授業構想に生かすことができる。

①〜②は子どもにとってのよさであり、③は教師にとってのよさである。

①は授業を通して「できた」こと「わかった」ことを子ども自身が確認し合うものである。言葉を介して確認することで、その時間の学びはより一層確実になる。

②は初めに自分がもっていた考え方や読みが、グループ学習や全体でのやりとりを通して変わったり深まったりしたことを振り返ることで、子ども自身が他者との関わりの効果を実感することができるというものである。この「振り返り」ができると、実感できた子どもたちは他者と関わって学びを得る楽しさを再び体験しようとすすんで協働的な学びに参加しようとする。

そして③は授業者自身の内省を促すものである。

阿部昇[2]は、「振り返り」で学びの質を上げ、確かなものにするために次のように述べている。

「振り返り」では、学習課題を再度確認した上で探究過程と複数の結論を整理し直していく。また、それ以前の学習との関係、今後にどうつながるかという見通し、また「今日の発見は最先端の研究ともつながる」など、本時の学びを社会的に文脈化することも重要である。メタ化、文脈化である。

さらに阿部[3]は次のようにも述べている。

授業の終末で、本時の探究過程をリフレクトする。これにより、授業の「試行錯誤、判断・批判、推理・検証、発見・創造などの探究過程」をメタ的に見直し、学びを確かなものにする。

以上のことから、「振り返り」の意義を私は次のように考える。

子ども自身が、学んだことを書いたり話したりする外言化の作業を行うことで、自身の到達度を図り、できたこととまだできていないことを区別することができ、次に向けた課題意識が生まれる。

2　「振り返り」はいつ行うのか

「振り返り」は、次の二つのときに行うことが考えられる。

①一時間単位での「振り返り」

各授業の終末に毎回振り返る。おおむね三分〜五分程度で行う。子ども一人ひとりが読みの理解を再確認する。また、今日の学びから新しい疑問や問いを見つけることもある。次の授業計画に生かすことができる。子どもにとっても、その授業で理解したことと次の時間の課題がわかる。

②単元全体をとおしての「振り返り」

単元全体の学習の最後に振り返る。ある程度時間をとり丁寧に振り返らせたい。子ども一人一人が読みとりの深まり（深化）を改めてつかむ。また、次にどういうことを学びたいかという課題を作り出すこともできる。

3　「振り返り」につながる学習のまとめ

(1)　構造的板書を見ながらまとめる

まず本時の課題に対して、解決したことや結論等学んだことがわかる構造的板書（一時間の流れや学んだ内容がわかる板書）を見ながら子どもと教師で授業をまとめる。

そして解決したことや結論等をより一般化してまとめる。そのため、その時間の学習内容が可視化できるような板書を心がけたい。一時間の板書はできるだけ消さないようにする。板書のスペースが不足する場合は補助黒板などを使うとよい。

たとえば、本時の課題を再度一斉読して確認した後で授業の学習過程を振り返り、深い読みを発言した班や子どもの名前を挙げながら、板書されている箇所を赤チョークで○囲みをしたり★印をつけていったりする。そして「Aさんは『豆太はただの臆病ではなく、じさまを助けたいという勇気ももっている。』という新しい人物の読みを発表してくれました。読みとりは一つの読みだけではなく、たくさん（多様）の読みができることを示してくれましたね。」等と評価し、「この読み方は、他の作品を読みとるときにも使えそうですね。」などと一般化して意味づけることが大切である。

（2）学習方法をまとめる

次に授業の学習方法（学び方）をまとめる。これは次からの学習に生かしていくことができ、別の教材でも応用できるので、短冊等に書いて掲示して学級のみんなで共有し、いつでも使える（考えることができる）ようにしておきたい。

たとえば「『モチモチの木』の形象よみで、『表戸を体でふっとばして走りだした。』を読みとるときに、『体でふっとばして』の言葉があるのとないのとではどう違うのか考えてみようと言われたので、違いが考えやすかった。」等のまとめである。

またその中で学習方法を自分たちで再評価（別の形の学び方があったのではないか等）することもある。

たとえば「『海の命』のクライマックスの読みとりで、「こう思うことによって、太一は海の瀬の主を殺さずに済んだのだ。」の文で、「『こう思うことによって』とはどういう意味だろう、この言葉があるのとないのとではどう違うのだろう。」や、「『殺さずに済んだ』と『殺さなかった』とどう違うのだろう。」等その授業で気がつかなかった（読み落とした）言葉に着目し、次の授業に生かす等である。

(3) 振り返りを子どもが書く

その上で、子どもたちがノート（または振り返りプリント）に自分の「振り返り」を書き、班や学級で交流（発表）していく。また教師は授業後そのノート（プリント）を読み、自身の授業を反省し次の授業に生かす。次の時間に、子どもの「振り返り」を紹介することも考えられる。

ここでは、子どもと授業内容を振り返りながら外言化する「振り返り」を前提としているが、外言化が難しい小学校低学年の場合、予め振り返る内容（項目）を教師が作成しておき、子どもが（○・△・×）等の記号で振り返る方法も考えられる。次は、低学年の「ふりかえりプリント」の例である。

> 1年　ふりかえりプリント　　なまえ【　　　】
>
> 1 たのしくべんきょうできたか　（○　△　×）
>
> 2 「どうぶつの赤ちゃん」で、「とい」がどこにかかれているのかわかったか。　（○　△　×）
>
> 3 今日《きょう》のべんきょうで、一ばんよくわかったことをかきましょう。
>
> （　　　　）

4 「振り返り」の内容

ただ単に、感想を書かせ発表し合うだけの「振り返り」ではなく、学んだことや身についたことを振り返り、次の時間に生かせる質の高い「振り返り」を行いたい。そのための「振り返り」についてである。

次は、小学校中学年以上の「振り返りプリント」の例である

> 「○○○○○」振り返りプリント
>
> 年　組　名前【　　　】
>
> ①集中度（楽しく勉強できたか）　（○　△　×）
>
> ②わかったこと　（　　　）
>
> ③学び方　（　　　）

①「集中度」を振り返る

「集中度」は、簡単に○・△・×で振り返る。一番近いものを○で囲む。（５４３２１でもよい）

②「わかったこと」を振り返る

「わかったこと」は、今日の授業で一番よくわかり、身についたと思われること（教科内容や教材内容）を書く。たとえば、「『東の空が真っ赤に燃えて、朝が来ました。』というのは、ただ単に朝の情景を表しているだけではなく、大造じいさんの心情も表していることがわかった。」や「『ごんは、ひとりぼっちの小ぎつねで…。』のところで、私は子どものきつねだと思っていたけれど、『小ぎつね』と書いてあるので、子どもではなくもう少し大人に近いきつねだということがわかった。」等である。

なお「わかったこと」をなかなか書くことができない子どもに対しては、「友だちの発表の中で、自分が一番よいと思ったことを書いてもよい。」等、柔軟にアドバイスしていきたい。

③「学び方」を振り返る

「学び方」は、こういうふうに考えるとわかりやすかったなど学んだ学習方法を書く。書かれた学び方はみんなで確認し、読みの方法として共有していく。たとえば、「『やまなし』で、『青』という色が出てくるけど、私は『きれいとか、澄みきっている』というよい意味しか読みとらなかったけど、『冷たい、怖い』などの否定的な読みとり方もあるということがわかった。」等のように、形象を読むときは、肯定的に読むだけではなく、否定的にも読むという読み方（学び方）をみんなで共有していくことが大切である。

「振り返り」を取り入れた当初は、前述の①～③の項目の全てを書くことができなくてもよい。書ける項目から書けばよいと子どもに伝えるとよい。そして徐々により詳しい「振り返り」ができるように指導していきたい。

5 「振り返り」の評価

「振り返り」を子どもに書かせて、教師が読みっぱなしではいけない。次の授業の計画づくりに生かすことも大切である。しかしもっと大切なことは、○をつけたり、コメントをつけたりして（小学校ではシールも有効）、子どもに毎回返却することである。子どもは毎回返却された振り返りカード（ノート）を見て、嬉しそうな反応を見せ、また次の授業を頑張ろうと意欲を示すのである。また時間があれば、一人一人の「振り返り」の後に、数名の子どもに発表させたり、次の時間に質の高い振り返りをした子どもの「振り返り」を教師が紹介したりすることも考えられる。

「何でもいいから思ったことを書きなさい。」という「振り返り」にしないことが大切である。つまり、教師が「振り返り」の意義や意味を明確に意識しないと、ただのルーティンワークになり、時間の無駄になる。

注

（1）庄司伸子「アクティブ・ラーニングの授業で確かな『振り返り』を行うコツ」「読み」の授業研究会編『国語授業の改革16「アクティブ・ラーニング」を生かしたあたらしい「読み」の授業』二〇一六年、学文社、一一二～一一三頁

（2）阿部昇『アクティブ・ラーニングを生かした探究型の授業づくり』二〇一六年、明治図書、一一〇頁

（3）前掲書（2）、一六頁

4　すべての子どもが参加できる「グループ学習」実現の方法

土屋　大輔（長野県佐久市立臼田中学校）
中沢　照夫（「読み」の授業研究会運営委員）

1　対話が豊かな授業は方法論だけでは成立しない

国語の授業で対話を成立させるためには、子どもたちの自由な発言が保障されなければならない。よく「教室は間違えるところだから」とか「間違ってもいいから、思ったことを何でも発言してごらん」という指導をすることがある。この指導そのものは妥当なものだが、子どもによっては「『間違っていい』ということは、つまり正解と不正解があることなんだな」と感じることがある。「何を言ってもいい」と言いながら「言うべきことは決まっている」というダブルバインドになってしまう場合がある。特に今の子どもたちは正解主義に強くとらわれがちなので「すでに答えは決まっている」と思わせる授業になれば、豊かな対話は生まれない。

教師が一つの答えしかもたず、上から目線で自分の考えを教え込もうとする姿勢では、子どもは自分の考えを話せない。豊かな対話を生むためには、教師自身が作品や文章の読みを豊かに行って多様な読みの可能性を想定すると同時に、子どもたちの多様な意見・考えがもつ意味を的確に聞きとる力をもたなくてはならない。

一方で「何でも言っていい」からといって、子どもたちの恣意的な読みが口々に飛び交うだけでは豊かな対話とはならない。個人個人の恣意的で好き勝手な読みを子どもたちに発表させて、いずれについてもただ「いい読みだね」と評価して終わる授業を目にすることがある。しかし、それでは深く質の高い学びは生まれない。正解・不正解ではなく、しかし恣意的なアナーキーでもない授業が求められる。それによって子どもたちが何を新たに学んだのかが厳しく問われなければならない。これらは二律背反のように思えるが、決してそうではない。それらはともに乗り越えることができる。それは教師の深い教材研究に裏打ちされた豊かな授業構想に関わっている。

対話が成立する授業には、その前提として教師の深い教材研究が求められる。そして、子どもたちにどういう読みの力をつけるのかという目標（ねらい）を明確にする必要がある。そういう文脈の中に「深い学び」を生み出すための学習課題・発問・助言、そしてグループ学習が設計されていくのである。

以下、そのことを前提に、すべての子どもが参加できる「グループ学習」実現の方法を探っていきたい。

2 「グループ学習」実現のポイント

（1）なぜ「グループ学習」を取り入れるのか

私たちは「主体的・対話的で深い学び」が実現することをめざしている。だが「『対話的』だからと言って、必ずしもグループ学習を取り入れなくてもいいのではないか」という声を聞くこともある。確かに教師と子どもとの対話、ペアによる意見交換でも読みが深まることはある。しかし、それには限界がある。やはり三人以上のグループによる学習があることで、深い読み・深い学びが生まれてくる。

阿部昇は、対話（グループ学習）の特長として次の五点を挙げている。[1]

1 内言の外言化が飛躍的に増える。
2 多様で異質な見方を交流できる。
3 相互誘発型・相互連鎖型の新しい思考が生まれる。
4 共通性・一貫性に向かう新しい思考が生まれる。
5 相違・対立による弁証法的思考が生まれる。

妥当な指摘である。私は、この中の「2」「3」「5」をグループによる対話を生かした学習の特長として取り上げたい。同時に「すべての子どもが授業に参加できる」という要素を重視したい。

一つ目は、すべての子どもが授業に参加できるということについてである。教師と子どもの個人問答では、いわゆるできる子・わかる子の発言で授業が流れていきがちである。だが、グループで話し合う過程を授業に位置づけることによって、子どもたちが授業の当事者として学習に参加できる。子どもたちの意識も高まる。

二つ目は、多様な意見が引き出されることである。まず、自分と違う多様な意見があることを発見する。そして、自らの意見を吟味することになる。そして、グループ内での意見の差異、グループごとの意見の差異が顕在化する。それらをもとに共同思考することによってさらにその吟味が促進される。より追究がダイナミックになり思考の質が向上する。

三つ目に、異質性がさらに相違・対立にまで高まり、討論へと発展していく。最初はグループ内での意見の相違であったものが、学級全体の相違に高まる。そして、子ども同士による討論へと発展していく。討論によって、より高次の追究が可能となる。

(2) 学習リーダーの役割の重要性

グループは、多くの場合四人程度で編成するが、その際に「学習リーダー」を必ず置くようにする。子どもたちが「リーダー」を序列的な役割と捉え、積極的にやりたがらない場合がある。そういうとき、「学習リーダー」は上下関係ではなく役割の一つであることを強調する。場合によっては「司会」という言い方でソフトに進めることもある。

学習リーダーの役割については、先行研究も多く多様だが、はじめはあまり多くは望まないようにしている、それでも、役割として、①班の話し合いの司会・進行をすること ②何を話し合うかを共有すること（わからなかったら教師に聞き返すこと） ③必ずグループの全員に一回以上は班内で発言してもらうこと ④話し合い時間がもっとほしかったら「時間をください」と要求すること ⑤全体に発表するときは発表者を決めること、等があることを指導する。

特に「班内全員発言」についてはリーダーたちに努力するよう求めている。それが授業において子どもたちどうしの関わりを生み、ともに学ぶ「学習集団」として機能させる重要な意味をもつからである。

ただし、一度にこれらすべてを指導しても実現できない。少しずつ役割を教えていくようにしている。

そのために「学習リーダー会議」が必要となる。教師のところにリーダーたちだけを集め、指導をする。すると、他の子たちも聞き耳を立てるなど、副次的な効果を及ぼすこともある。学級全体にリーダーの役割が浸透してきたら、会議は省略されてもよい。ただし、この会議の時間は一分程度と短くする必要がある。それも休み時間などは使わずに授業中に行う。そして何より学習リーダーたちを褒めることが重要である。

(3)「自力思考」の重要性

グループ学習に入る際は、まず学習課題や発問に対して、個人で追究する時間を数分は取る。自分の考え・意見をもたせて話し合いに臨むことで、子どもたちは主体的になるし、他人の意見に安易に同調しなくなる。

この時間を設けないと、グループの話し合いが、わかっている子どもがまだわかっていない子どもに一方的に「教える」ものになってしまう。どの子どもが学習課題や発問に対して自力で考え、不十分であっても自分なりの仮説をもてるようにする。それこそが「主体的」な授業である。この時間を設けることは、グループ学習には必須である。

もちろんこの自力思考の時間に、教師は丁寧に机間指導をする。特に自力ではうまく考えることができない子どもに丁寧に助言を打っていく。これはアドリブではなく、授業前に「助言計画」として丁寧に準備しておく必要がある。

(4)グループの話し合いの時間と回数

グループの話し合いの時間についてもこだわる必要がある。私はだいたい3~5分で設定している。長くても5分間を限度としている。「5分間では短い」と感じるかもしれないが、それにともなう前後の授業展開を考えると決して短くない。

ただし、どうしても話し合いがまとまらず「時間要求」が子どもたちから出れば、それには応じる。だが、せいぜい1~2分に制限する。それ以上は、意見のまとまっている班にとっては空白をつくることになる。また、グループで追究したことを学級で話し合うとき、各グループからの発表、追究等で相当の時間を要する。議論が生まれ、追究が深まると10分を超えることも珍しくない。

しかも、一つの学習課題、発問をめぐっての話し合いは、一回だけでは不十分である。どんなに少なくても二回は必要である。その重層的な追究で学びが深まるからである。（一度だけのグループの話し合い→学級全体の話し合いで、追究が終わる授業があるが、ほぼ例外なく学びが浅くなっている。）加えて教師による話し合いの整理や意味づけ、まとめなどの時間を考えると、「話し合いは５分が限度」は当然とも言える。

時間管理についてもあいまいにせず、「〇分」と教師が提示したら、それを守らせたい。たとえば、全員が共有できるかたちでストップウォッチを掲示したりすることは有効である。学習リーダーの子どもたちは、それを見ながら司会・進行ができる。教師の「あと1分。」「あと30秒」などのコールも効果的である。

3　「グループ学習」で子どもたちは学びの主体者になる

(1)「星の花が降るころに」（安東みきえ）を例に

「深い学び」は教師の深い教材研究に裏打ちされた指導構想によって成立する。そして、その授業で子どもたちにどういう読みの力をつけようとするのかを具体的に意識する。そのためには、どんな追究場面を授業でつくり出したらいいのかを構想する。その上で仮にこんな発問をしこんな助言をしたら子どもたちはどう反応するだろうか、それを具体化するための学習課題はどう設定したらよいだろうかなどについて考えながら授業を構築していく。つまり「逆向き設計」（教材研究→目標（ねらい）→追究場面のイメージ→発問・助言→学習課題）によって「深い学び」が実現できるようになる。

できることなら教科会などを介し、複数の仲間たちによる共同研究をとおして、より確かな教材観をもって臨みたい。

小説「星の花が降るころに」（安東みきえ）[2]では、中心人物の「私」の内面的な成長を文章全体から読みとらせていくことが重要である。それを解くカギは、文章の前半から後半にわたって、セットとなって現れる「同じもの（場所、アイテム、心情表現等）」の表す意味の違いである。象徴性である。

たとえば学習課題としては次のようなものが構想できる。

「私」の「戸部君」に対する見方の変化を読みとろう

これだけで、まずは子どもたち一人一人に考えさせていく。ただし、それだけではフリーズする子どももいる。そこで、考える手立て、読みを助けする手立てが必要となる。そのためにたとえば次のような発問・助言が有効である。

（発問）発端のところで『私』は『戸部君』にどういう印象を抱いていたっけ？
（助言）それを表す言葉は？
（助言）「わからない」が使われているところ、他にもあったよね。

既習の学習と結び付けたり手がかりになる記述への着目をさせたりして思考を助けていく。

さらに、それでも十分に読めないという子どもには、たとえば「『わからない』の意味が変化していない？」「『二人で顔を見合わせてふき出した』とか『戸部君の背は』『私はタオルを当てて笑っていた』あたりの『私』の気持ちはどうなの？」「前に出てきた『わからない』と比較してごらん」など、読みの方法を示した助言を打つ。

それによって共同思考が促され、追究が深まる。そして、新しい読みの発見が生まれ、個々の「言葉による見方・考え方」が広がる。さらに新しい読みの発見が新たな世界を生み、言葉を自分の内部に取り込むことができる。

だが、その際、思考の前提となる、共通した土俵が用意されなければ「深い学び」にはつながらない。それを導き出すのが教師によってデザインされた学習課題であり発問である。加えて、思考する際に用いられる既習事項が、それまでの学習過程で自分たちが獲得してきた読みであればあるほど学びはますます「主体的」で「深い」ものになる。

注

（1）阿部昇『アクティブラーニングを生かした探究型の授業づくり―主体・協働・対話で深い学びを実現する』二〇一六年、明治図書
（2）中学校国語教科書『国語1』二〇二〇年、光村図書

5　すべての子どもが学習に参加するための「授業ルール」の指導方法

加藤　辰雄（元愛知県立大学非常勤講師）

1　「深い学び」を生み出すための国語授業の条件

国語授業を「深い学び」を生み出すもの、質の高いものにしていくためには、次の三つの条件を整える必要がある。

(1)　優れた教材を深く研究すること

「深い学び」を生み出す授業にするには、まず深く教材を研究することが重要である。たとえば、物語「ごんぎつね」（新美南吉）（小4）は、ごんと兵十のすれ違い・誤解が最後に「『ごん、おまいだったのか、いつもくりをくれたのは。』／ごんは、ぐったりと目をつむったま、うなずきました。」で解消される優れた物語教材である。「ごんの兵十に対する見方」と「兵十のごんに対する見方」のズレが核となって事件が展開している。それを生かして授業を行えば、子どもたちに物語の構造がわかり、着目すべき箇所（語句や文）にも気づき、授業が深く楽しくなってくる。

「場面分けと場面読み」では、それらは見えてこない。

(2)　授業展開の過程が子どもたちのわかる筋道にのっとっていること

授業を基本的に規定するものは教材であるので、深い教材研究がなされていればよいかといえばそうではない。深い教材研究と同時にそれにふさわしい授業展開がなければ、「深い学び」は生み出せない。

したがって授業展開についての指導計画を立てる際に

最も大切なことは、その指導過程が子どものわかる筋道にのっとっているということである。いくら綿密な指導計画を立てても、それが子どものわかる筋道からはずれたものであるならば、「深い学び」にはならない。

(3) 授業の受け方、学び方の指導が適切であること

授業には教師と子どもたちとの間にかわす約束事、すなわち「授業ルール」が是非必要である。それは子どもたち全員が授業に主体的に参加する条件を整えるためである。「勝手におしゃべりをしない」「どんな意見もしっかり聞く」など、子どもたち全員の学習を保障するルールである。授業ルールがないと授業が子どもたちにとって集団的学びとならない。集団的学び・対話的学びは、より高い授業ルールを必要とする。

優れた教材内容を深く研究したり、授業展開の過程が子どものわかる筋道にのっとっていたりしても、肝心の授業ルールが守られなければ「深い学び」を生み出す授業にはならない。そこで、「深い学び」を生み出すための授業ルールの基本的な項目やそのつくり方、定着のさせ方について述べてみる。

2 どんな授業ルールが必要か

(1) 授業態度に関する授業ルール

①早く座席に着き、授業の準備をして待つ

授業では、授業時間をきちんと確保することが大事である。そのために、授業の開始時刻を子どもたちにしっかり守らせるようにする。教師も開始時刻を守るようにする。その際、隣同士や学習グループ内で声を掛け合うようにする。座席に着いたら、机上に教科書、ノート、筆記用具など授業で使う学習用具がすべてそろっているかをまず自分で確かめ、次に隣同士で確かめる習慣を定着させる。

②授業の始まりと終わりはきちんと集中する

授業の始まりを集中したものにするということは、とても大事である。騒がしい状態で授業が始まると、子どもたちの中に授業に臨む姿勢、意気込みをつくり出すことができない。そこで、いすにきちんと座り正面を向き集中させる。授業の終わりも同様にする。

③教師に指名されてから発言する

授業では教師が発問をし、子どもたちがそれに答えるという場面がよくある。この時、どのようにして発言

するかについて子どもたちとルールをつくっておく。

教師の発問に対して、指名されないのに勝手に発言することを許してしまうと、発言が一部分の反応の早い子どもや発言力のある子どもの独壇場になってしまう。そこで、できる限り多くの子どもが発言できるようにするために、挙手して教師に指名されてから発言させる。ただし、授業の場面によっては指名なしで子どもに自由に発言させることもある。

(2) 集中の仕方に関する授業ルール

①合図があったら素早く集中する

授業では、どんなときにも子どもたちを素早く集中させてから説明や発問や指示をすることが大切である。これを曖昧にすると、授業効率が悪くなるだけでなく、集中した状態がない授業、落ち着きがない授業になる。

教師が子どもたちを集中させるときには、「ハイ、こちらを見て!」ときっぱり言う。そして、「○班が一番早く集中できました」などとグループを単位に評価し、グループで集団的学びの姿勢をつくり出すようにさせる。集中させるための合図は、「ハイ、こちらを見て!」「ハイ、こちら」などと短い言葉で素早く集中できるようにする。言葉の代わりに黒板を軽くたたいたり、手を打ったりして合図をし、集中させるようにしてもよい。

②教師の指示があるまではノートをとらない

まじめに授業を受けている子どもの中には大事だと思ったことをすぐノートに書いたり、板書をノートに写したりする子どもがいる。こうした行為は重要な技能ではあるが、子どもによっては教師の説明や発問や指示を聞き逃してしまう場面が出てくる。そこで、原則として指示されるまではノートをとらないルールをつくる。

③教師の指示通りに板書を一斉音読する

授業では、板書した内容を子どもたちが一斉に声を出して読む場面がよくある。それは、板書内容を確認するとともに子どもたちを集中させるためである。たとえば、「ごんぎつね」の学習課題「兵十のごんに対する見方がどのように変化したかを考えよう」の板書を教師の指示棒の動きに合わせて、一斉音読するのである。また、兵十の気持ちが読みとれる「ごん、おまいだったのか、いつも、くりをくれたのは。」の板書を教師の指示棒の動きに合わせて一斉に音読させる。教師は、指示棒を「ごん」で止め、次に「おまいだったのか」で止め、さらに「いつも」で止める。読点で止めることによって、それぞれの語句が強調されていることに気づかせるとともに、集中力を高めることもできるのである。

(3) 話し方・聞き方に関する授業ルール

①身体を聞き手の方へ向けて話す

子ども相互の対話を中心とした授業では、発言する子どもは聞き手の子どもたちの方を向いて話す必要がある。しかし、子どもは教師に向かって話しがちである。そこで教師が「友だちの方を向いて話そうね。」と声がけをしたり、教師が発言する子どもとの間に多くの子どもたちを抱え込むような位置に移動したりするとよい。

②結論を先に述べてから話す

話し合いをしている時、だらだらとした発言内容が続き、話し手の言いたいことがわかりづらい場合がよくある。そこで、自分の考えを発表する際には、まず結論を先に述べ、後から理由を述べる話し方をさせる。

③友だちの考えに関わらせて話す

授業で子どもたちが活発に発言していても、その発言が友だちの考えに関わらないと、内容は豊かにならないし深まらない。友だちの考えをよく聞き、その考えに関わらせながら自分の考えを発表する話し方をさせる。

友だちの考えに関わらせて話すには、いきなり自分の考えを言うのではなく、最初に友だちの考えに対する評価や関わり方を述べるようにさせる。たとえば、「○○さんの考えに賛成です。」「○○さんの考えにつけ加えます。」「○○さんの考えに反対です。」などの話し方をさせる。

④友だちに話を渡すように話す

自分の考えと友だちの考えをつないでいく話し方をさせるのも話し合いが豊かになる。たとえば、「わたしの考えは○○です。わたしの考えと同じ人はいませんか?」と呼びかけたり、「わたしの考えは○○です。わたしの考えについてどう思いますか?」と呼びかけたりして、友だちに話を渡すような話し方をさせる。

⑤話し手の目を見て聞く

話し手の発言や話をしっかり聞かせたいときは、話し手の目を見て聞かせるとよい。その際には、話し手と目が合うようにするために身体の向きを少し変えるようにさせる。

⑥話し手を励まし、うなずきながら聞く

安心して話すことができる雰囲気をつくるために、話し手の声が小さくて聞こえにくいときにも「聞こえません」と言わないようにさせる。話に詰まった時には、「がんばって！」と励ましの言葉がけをする。また、話し手の話をうなずきながら聞かせるのもよい。

(4) ノートの書き方に関する授業ルール

①日付、タイトルを書く

学習内容をノートに記録し、後日の学習に生かすことは大切なので、「いつ」「どのような」学習をしたかをわかるようにしておく。そこで、ノートに日付と学習内容のタイトルをつけさせる。タイトルを見れば、すぐに学習内容を思い出すことができて、たいへん便利である。

②学習課題と自分の考えを書く

よいノートとは学習課題と、学習課題に対する自分の考えが書かれている。どのような内容を学習したかがわかり、自分の思考過程を振り返ることができる。学習課題は定規を使って四角い囲みをつけさせ、自分の考えは箇条書きにしたり、吹き出しの中に書いたりさせる。

③重要な言葉やことがらは赤鉛筆を使う

重要な言葉やことがらは、赤鉛筆を使って目立たせる。赤鉛筆の使い方には、重要な言葉やことがらを赤鉛筆で書く方法、赤鉛筆で囲む方法、赤鉛筆でサイドラインを引く方法がある。

(5) グループ学習の仕方に関する授業ルール

①四人で学習グループをつくる

限られた時間内で多様な考えを出し合い、交流しやすいのは四人である。低学年であったり、グループ学習に慣れていない段階では、まずペア学習から始めてもよい。人数が少ない方が話しやすいからである。しかし、ペア学習は多様な考えを交流することができないだけでなく、相手の考えに「違う」とは言いにくく、同調しやすくなる。したがって、ペア学習から始めても、しばらくしたら四人グループに移行する。

②グループで話し合う前に個人で考える

自分の考えをもたないままグループで話し合いをすると、考えを広げ深めることができないので、まずは個人で考えさせる。

③司会者はグループの全員に発言させる

話し合いの時間は、基本的に三分～五分程度であるため、司会者はメンバーを順番に指名して、全員に発言させる。そして、最後に自分の考えを言う。

④司会者は話し合いを整理する

話し合いの終盤には、司会者に話し合いを整理させる。整理できない場合、出された考えをそのまま発表させる。

⑤グループの考えを発表するときは、全員で挙手する。

グループの考えを代表者が発表する際には、司会者の声がけによりグループの全員で挙手する。それは、グループで整理した考えや出されたすべての考えを表明するためである。

3　授業ルールのつくり方と定着のさせ方

①子どもたちと合意しながら授業ルールをつくる

教師が授業ルールを子どもたちに示し、守らせようとしてもうまくいかない。授業は子どもたちと教師が共につくる活動である。したがって、子どもたちの意見や要望を聞きながら、子どもが納得する授業ルール、つくってよかったと思える授業ルールにする。そうすれば、子どもたちから授業ルールを守ろうとする意欲を引き出すことができる。

②少しずつ順々に授業ルールをつくる

授業ルールを最初から一度に全部つくって実践してみてもうまくいかない。授業ルールの数が多すぎるのである。最初は「授業の準備をして待つ」「授業の始まりと終わりは集中する」「指名されてから発言する」「合図があったら素早く集中する」など、授業するうえで最低限必要なことをつくる。そして、子どもたちの実態に合わせて一つ一つ順々に授業ルールをつくっていく。

③授業ルールを繰り返し実践し評価する

授業ルールは、繰り返し実践し評価しなければなかなか定着しない。そこで、授業ルールがどこまで守れているかを明らかにし、定着を図る。

④定着した授業ルールを掲示する

定着してきた授業ルールは、子どもたちの取り組みの成果としてみんなで共有し合うようにする。そこで、定着してきた授業ルールを掲示物にして貼り出し、自分たちのがんばりがわかるようにする。

1　「春」（安西冬衛）の1時間の授業記録

鈴野　高志（茨城県・茗溪学園中学校高等学校）

日時　二〇二三年三月七日・6校時
学級　茗溪学園中学校1年E組
　　　男子18名　女子20名　計38名
授業者　町田　雅弘　先生
※教材は次に示す。記録中の枠囲みは鈴野のコメント。

1　授業の導入・生徒による感想・疑問点の共有

教材は安西冬衛の詩「春」である。

　　春
てふてふが一匹韃靼海峡を渡つて行つた。
　　　　　　　　安西　冬衛

黒板には、すでに教材本文と作者名が書かれている。子どもたちはそれぞれ四人ずつの十グループ（学習班）を作って着席している。町田先生の授業では、開始時に黒板に書かれている教材の文種（文学作品・詩）やタイトル、作者名を子どもたちが一斉読する。以下はその後からの記録である。

教師①　はい、オッケー。それでは今日の授業の方に入っていきたいと思います。

（この後、前時に子どもに書かせて回収した初読時の感想や疑問から教師が自身のノートに書き写していたものを選んで口頭で紹介する。特に多かったのが「てふてふ」と「韃靼海峡」に関わる感想及び疑問だった。）

教師②　さあ、どこから読んでこうかと思ったんですが、一番多かったこのトップツー。

（教師は板書の「てふてふ」と「韃靼海峡」に印をつける。）

教師③　みんながここにことここに着目をしたっていうのはね。優れているんですよ。実はその理由は、これから授業で進めていくと見えてくるかなと思います。

「これが本日の学習課題である。」という示し方ではないものの、事前に書いてもらっている感想や疑問から特に「てふてふ」と「韃靼海峡」の二語を中心に読んでいくことで、この詩の中身に迫っていこう、という教師の意図はほぼ子どもたちに伝わっている。子どもたち自身が感じ取ったものを授業の中心にしているため、子どもたちも読む意欲満々である。

2　「てふてふ」を読む

教師④　じゃあやってみようかな。（再び「てふてふ」を指し示して）いくよ、せーのはい。

子ども　（一斉読）ちょうちょう。

教師⑤　さあ、皆さん「ちょうちょう」って言ったら何が読めますかね。いろいろ出てくるね、この前ね、皆さんに（作品本文が書かれた）プリント渡したでしょ。で、（プリントの）「てふてふ」の脇のところあたり、「ちょうちょう」からわかるイメージ。それを書いてください。特徴とかね。イメージを膨らませて、そこの脇に、まず個人で書いてみてください。それじゃあ、始め。

教師⑥　（机間指導をしつつ）書くの難しいなと思った人がいたらね、他の昆虫と比べてみるといいよね。何がいいかな。たとえば、ハチと比べてみるとかね、クワガタと比べてみるとか。そうすると、「ちょうちょう」が見えてくるからね。

さりげないアドバイスのようでありながら、教師は「同じ種類（ここでは昆虫）の他のものと比べることでイメージを明確にする」という効果的な読みの方法を伝えている。ただ「てふてふ」の形象だけをひたすら考えるよりも、ハチやクワガタなどと比べてみることで、より蝶のイメージがはっきりしてくる。

教師⑦　学習リーダー（各班に一人ずついる）になった人、渡すものがあるので、集合してください。（学習リーダーを前に集め次の指示を出す。）今から（グループの）みんなから意見を聞いて、ここ（渡した紙）に書く。この後、意見発表してもらいます。で、その時には二つまで発表してもらっていいです。早い方から指して（指名して）いくので、班員全員で手を挙げてください。

（班の話し合いに入る。5分後。）

教師⑧　発表ができるところ。どうぞ！

（すべての班で一斉に手が挙がる。子どもたちからは、「ふわふわしている」「優しい感じ」「弱々しい」「かわいい」「軽やか」「ぱたぱた」「ひらひら」「カラフル」「集団でなく単独」「穏やかそう」「女性的」などが出た。その後、次のように展開していった。）

教師⑨　なるほど。……はい、それでは全員こちらをご覧ください。いいとこ出てましたね。（板書した一つ一つを指しながら）ふわふわ、優しい、ね。あとは、弱々しい。かわいい。春。軽やか。ぱたぱた。それからひらひら。飛び方だよね。これ、ひらひら飛んでるってことは、この昆虫は重いの軽いのどっち？

子ども　軽い。

教師⑩　ね、軽い感じだね。それからカラフルって、いろんな色の蝶があるけど、ぱっと思い浮かぶ色って？

子ども　白。

子ども　黄色。

教師⑪　白、黄色、まあ黒もあるけどね。それから穏やか。女性的。いっぱい出てきました。そうだな。（初読時に）みんなの書いてもらったものの中にこういう意見がありました。「てふてふ」って書いてあるけど、これさ、漢字で書けばいいんじゃないの？……はい、全員こちらをご覧ください。さすが中学生です。もう、この違いについても読み始めてるみたい。「蝶々」じゃなくて、「てふてふ」。漢字で書くのと、ひらがなで書くのと違うみたいだね。

子ども　優しい。

教師⑫　皆さんは、なぜひらがなの「てふてふ」からこういったものが読みとれたんだと思いますか？　ひらがなの方がこうだからって答えられるんじゃないかな。それでは、班で話し合って発表ができるようにしてください。

「蝶々」でなく「てふてふ」と表記されていることを、一般的な漢字表記とひらがな表記のイメージの違いとして敷衍して学ぶことも意図した発問である。今後もいくつかの文学作品の中で、子どもたちはこの表記の違いから生じるイメージの違いについて考える機会があるだろう。その時にも生かせる学びとなる。

（班の話し合いに入る。1分後。）

教師⑬　はい、やめ。じゃちょっと聞いてみるよ。発表できるところ、手挙げてね。はい、どうぞ。（多くのグループで挙手があることに対し）すごいすごい、これ難しい問題です。一番早かった5班。

子ども　どうしてもひらがなだと幼なさがでるから、その優しさとか、ゆるい感じのイメージが出る。

教師⑭　なるほど、幼い感じがするからね！　ちっちゃな子は「蝶々」、わからないもんね。オッケー！　今、一つ出ました。他にないかな？　はい、ほか！　9班。

子ども　漢字だったら、カクカクしてるじゃないですか。でも、ひらがなって丸っぽいじゃないですか。だから、この漢字の方は硬いイメージがあるけど、ひらがなの方は柔らかいから、受け取り方も柔らかい。

教師⑮　いいとこ見つけました！　まだあるかもね。まだあったら……はい、（挙手が）早かった。どうぞ。

子ども　ひらがなの方が、穏やかそう。

教師⑯　はいそうだよね、そんなようなところが読めるかなって思います。ちっちゃな子はひらがなしか書けなかったりするから、幼い印象はありますよね。いいね。それから漢字は比較的直線が多いよね。カクカクしてますね。それに比べて、ひらがなは曲線が多いね。特にこの「てふてふ」なんてちょっとそんな感じがしますよね。ひらがなは穏やかな感じがするって言いましたね。特にこの「てふてふ」という音、この字、なんか穏やかな感じがしませんか。だから、ただ単に（虫としての）ちょうちょうのことだけじゃなくって、もうすでにこんなようなことすら含めてみんな読んでいるとこういうことになります。……オッケー。さあ、次はもうちょっと難しいんですよ。さあ、今「てふてふ」を読んだので、今度はこっち行きましょう。みんなが疑問に思うトップです。

3 「韃靼海峡」「てふてふ」の対比を読む

子ども （一斉読）「韃靼海峡」。

教師⑰ 「韃靼海峡」、ノーヒントでいきます。あ、一つだけ言うかな。海峡ってさ、海があって、陸と陸がね、接近してるところなんです。陸と陸が接近していて、海が少ないところね、そこを海峡っていうんだよね。これだけのヒントで考えてください。「韃靼海峡」からイメージができること。個人でそこ（プリント）の脇に書いてみてください。どんな海、どんな海峡だと思う？ イメージで書いてください。ね、結構難しい。無謀な質問なんだけどね、頑張ってね。……いや、なんかね、班討議して、みんな上手になってきたなと思うのは、誰かが意見を言った時に「いいね！」って言うんだよね。みんなね。それ、いいですよ。みんな素晴らしい。その方が意見言いたくなるじゃん。「えー？」とかって言われると言いたくなくなるね（笑）。

> 子どもたちがお互いの発言に「いいね」と声掛けをしている事実をぱっととらえてその場ですぐ評価している。お互いの存在がクラスでの読みを高め合っていることを、子どもたち自身にメタ的に意識させる優れた評価言である。

教師⑱ 「韃靼海峡」ってどんなどこ？ どんな海？ はい。それでは班で話し合ってください。3分でお願いします。

（班の話し合いに入る。3分後。）

教師⑲ さあ、では発表してもらいますよ。一つだけにしてください。はい、4班。

子ども あ、海が荒れている感じ。

教師⑳ なるほど、なるほど。えっと、1班。

子ども 危なそう。

教師㉑ 危なそう！ なるほどね。「確かに」って声もありますよ。危なそう。……はい、今度はそっち。行きましょう。3班。

子ども 風が強そう。

教師㉒ なるほどね！ まだありそうですよね、はい5班。

子ども 深そう。

教師㉓ なるほど。今度はそっち。はい、6班。

子ども　「てふてふ」って言葉と「韃靼海峡」っていうあのカクカクしたというか難しそうというか、冷たそうというか、それらが対比になっているんじゃないかと。

教師㉔　この二つが対比になってんじゃないのかなっていうことね、なるほど。じゃあ今度ここ（別の班）！

子ども　大きい感じがする。

教師㉕　大きい感じがする！　なるほど。あとじゃあここところここ（それぞれ別の班を指して）一つずつ聞いておしまいにしようかな。はい、どうぞ。

子ども　えっと、まず、この「韃靼海峡」って、「韃靼」の左側に「革」っていう字があると思うんですけど、革は牛から作ると思うんですけど、牛といえば北海道ですから、北海道の西側っていうのかな、そこと大陸の間にあるかもしれない。

教師㉖　あるかもしれない（笑）。ねえ、おもしろいこと言うね。なるほど、はい、じゃあそこ（さらに別の班）も聞いておしまいにします。はい、どうぞ。

子ども　ちょっとどこかと似てたかもしれないんですけど「てふてふ」は、ひらがなで穏やかじゃないですか。「韃靼海峡」ってもう硬いじゃないですか。本当に真反対。穏やかなのに激しいとか、優しいのに厳しいとか、そういう感じがする。

教師㉗　はい、全員黒板をご覧ください。海が荒れてそう。危なそう。風が強そう。深そう。冷たそう。なんか、この海って何色に見える？

子ども　黒。

子ども　深い青。

教師㉘　なるほど。（さらに板書に書いたものを指し）広い。北海道あたり。ね。この韃靼海峡の近くに、もし岩があったらその岩どんな感じだったと思う？

子ども　ゴツゴツ。

子ども　ガクガク。

子ども　触ったら切れそう。

教師㉙　なるほど。ええ　さあ、それでは種明かしをしてみたいと思います。果たして、ほんとに北海道あたりなんでしょうか？

子ども　え？　本当にあるの？

（このタイミングで教師は地図を見せる。「北海道」と発言した子どもが「合ってる」と喜んでいる。さらに、教師は「韃靼海峡」が「間宮海峡」の異名であることを示し、子どもたちに「間宮海峡」を一斉読させる。）

教師㉚　本当は最初ね、この作者は「てふてふが一匹間宮海峡を渡つて行つた」って書いたんだって。だけど色々考えたあげく、「韃靼海峡」に変えたんだって。「間宮海峡」と「韃靼海峡」、作者はこっち（韃靼海峡）を選びました。「韃靼海峡」の方が「間宮海峡」よりどのようなイメージがありますか？　班で話し合って発表できるように準備してください。はい、どうぞ。

（班の話し合いに入る。30秒後。）

はい、やめ。さあ、出てきたものがあったらお願いします。じゃあ、発表してください。はい、7班。

子ども　「間宮海峡」より「韃靼海峡」のほうが、強い音。響きが面白い。

教師㉛　面白いって言ったね。今ね、なんで面白いんだろうね？　言える？

子ども　？？？

教師㉜　はい次！　5班。

子ども　硬い感じがする。

教師㉝　硬い感じがするよね。音的にもね。硬い音。はい、全員黒板をご覧ください。あのさ、みんながこれ読んでくれたじゃない。この「北海道あたり」も含めてね。これみんななんか実は当たってた感じがしません？　この「間宮海峡」とも比べてみても、言ってることは正しかったみたいです。じゃあ、どうしてこっちの「韃靼海峡」はこんな感じがするんだろう。

子ども　「革」っていう字が使われていて、革って破れないじゃないですか。だから、硬いイメージ。

教師㉞　なるほどなるほど。この「革」が二回も使われているからね、なにかイメージがありそうだよね。しかも、ほら硬い音だしね、それから強い音でもあるよね。なのでこのような読みが出てきたみたい。もうわかったでしょう、もう誰か言っちゃってるしね。「てふてふ」と「韃靼海峡」この授業が始まる時に、この二つに注目をした。みんなはすごい！って言いました。それは、「てふてふ」と「韃靼海峡」で表されているイメージがどうだからですか？

子ども　真反対。

教師㉟　真反対だからですよね！こういうのを何関係って言うかわかる？さっきも誰か言ってくれたんだけど、○○関係って言います。

子ども　対比。

教師㊱　対比ということがどうも言えそうですね、ちょっと比較してみましょうか。「てふてふ」は、ふわふわしてて柔らかいって言ってるよね。「韃靼海峡」は、硬い、強いね。「てふてふ」の方は、軽やかかって言ってます。「韃靼海峡」の方は重々しい感じがするよね、ちょっとね。それから、「てふてふ」の方は、小さいって言ってましたね。蝶は小さい昆虫だ。「韃靼海峡」は？

子ども　広い。

教師㊲　広いね。

子ども　深い。

教師㊳　そうそう。そうですね。「てふてふ」の方は弱々しいって言ってました。「韃靼海峡」は？

子ども　強そう。

教師㊴　強そうだよね。それから「てふてふ」の方は、白とか黄色っぽいイメージって言いました。「韃靼海峡」は？

子ども　黒。

子ども　深い青。

教師㊵　黒とか、深い青ね。「てふてふ」の方は、ひらがな書きです。「韃靼海峡」は？

子ども　漢字。

教師㊶　漢字書きね。「てふてふ」の方は、柔らかそう。「韃靼海峡」は？

子ども　ガタガタ。

子ども　ゴツゴツ。

教師㊷　そうなんだよね。さあ、もうわかったよね、これ、完全に対比関係になってるんです。しかも、作者は工夫をしてるみたいですよ。だって、「てふてふ」は「てふてふ」って書いてもいいし、漢字で「蝶々」って書いてもいいんだよね、ひらがな書きの方が「韃靼海峡」との差がどうなの？

子ども　激しい。

教師㊸　そう、差を激しくすることができるからなんですよ。さあ、こっちもそうですよ、これだって、「韃靼海峡」か「間宮海峡」かどっちか選べたはずです。けれど、「韃靼海峡」の方が？

子ども　もっと強い。

教師㊹　もっと強く対比性を表しているというふうに言えそうですよね。それから考えても、作者はこの「てふてふ」とこの「韃靼海峡」。他の言葉も選べたのにもかかわらず、こういう言葉で対比性を明らかにしようとしたのが、どうも見て取れるような気がしますが、皆さんどうですか？

子ども　（うなずき）

（この後、教師は「てふてふ」が「韃靼海峡」を渡ろうとしていることについて、子どもたちの初読の感想では、「がんばってほしい」「応援したい」という肯定的な読みと、それを一匹で行うことが無謀という否定的な読みとがあることを紹介した。そして、そのことと「春」というタイトルとが関係がありそうだという示唆をした。その上でそのタイトルの読みとりを次時の課題とすることを伝え、まとめに入った。）

4　本時のまとめ

教師㊺　さあ、それではあと二分、今日の授業のまとめをしますね。さて、「てふてふ」を読む時に何かと比べましたね。何と比べた？

子ども　漢字。

教師㊻　そう、漢字と比べましたよね。さあ、「韃靼海峡」を読む時に何かと比べました。何と比べた？

子ども　「間宮海峡」。

教師㊼　そう、「間宮海峡」と比べてたんでしたね。こういうふうに似ているものと比較すると、それが読みやすくなるということ。これ一つ知っておいてくださいね。それからもう一つ。「韃靼海峡」と「てふてふ」。何関係って言ったっけ？

子ども　対比関係。

教師㊽　そう。詩にはこのように「対比関係」というものがあるということ。これも一つ知っておいてくださいね。さあ、次行きましょう。「韃靼海峡」さ、面白いって言ってくれたんですよ。5班だったかな？強い音で面白い。さあ、ちょっと読んでみるとその面白さがわかるんじゃないかな。いきますよ。はい。

子ども　（一斉読）「てふてふが一匹韃靼海峡を渡つて行つた。」

教師㊾　はい。何がどうして面白いって言えそう？

子ども　「韃靼海峡を渡つて行つた。」

教師㊿　あれ、なんかリズムがいいね。これはなんでリズムがいいの？　何かが入ってるから？

子ども　小さな「つ」。

教師51　そう、小さな「つ」がここにね、ほらいっぱい隠れてるでしょ。だから、これリズムがいいんですよね。なんか、面白さがあるっていうのは、そこら辺もあるのかもしれないね。このように、詩はただ見るだけじゃなくって、読んでみると、その面白さっていうのが出てきたりします。詩はね、音楽だっていう人もいるくらいです。それから、この「てふてふ」をひらがなにして、「韃靼海峡」を漢字にしたことが差異を広げてますよね。ということは、このひらがなで書くか、漢字で書くかという判断も、この詩人がやっているっていうふうにどうも言えそうですよね。詩は絵画だという人もいるぐらいですね。つまり、見た目でも、それを味わうことができるということになりますね。詩を読むときのポイントとして、他のものと比べてみる。それから、詩はね、音楽でもあり、それから絵画でもありますよ。ということを、今日は知って終わりにしたいと思います。

「蝶々」でなく「てふてふ」が、「間宮海峡」でなく「韃靼海峡」が選ばれたことで、「てふてふ」と「韃靼海峡」の対比がより鮮明に読者の前に浮かび上がる—それらを子どもたちがワクワクしながら読みとる様子が印象的だった。

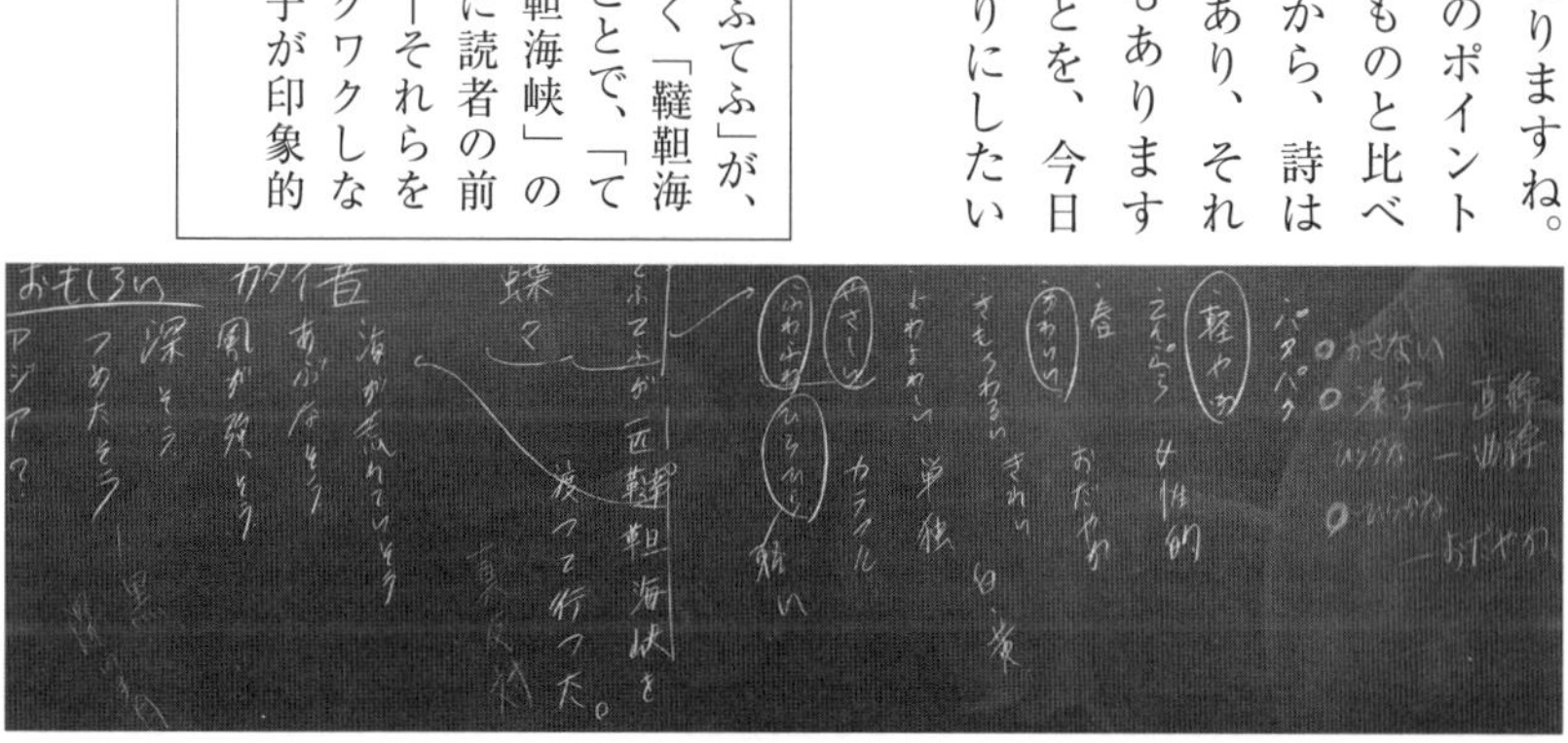

最終板書

第１学年Ｅ組　国語科学習指導案

2023年3月7日（火）
第6校時（14：45～15：35）
茨城県茗溪学園中学校
第1学年Ｅ組（38名）
授業者　町田　雅弘
研究協力者　阿部　昇

1　単元名　詩「春」の表現の秘密を探りだそう！

2　単元の目標

歴史的仮名遣いや詩の形式について理解を深め、正確に音読できるようにする。

「てふてふ」「韃靼海峡」の視覚的効果や聴覚的効果、また対比関係など詩のレトリックのもつ効果を理解する。

題名「春」に着目しながら、作品のテーマに迫る。

3　指導観

(1) 単元観

文学作品・詩の第4単元として「春」を学習する。本教材では言葉の表現技法にこだわった質の高い読みの力を身につけさせたい。ひらがな書きか漢字書きか、画数や文字数は少ないのか多いのか、清音か濁音か、また促音や撥音があるのかないのか、そういった言葉の特徴に注目をする読みを行っていく。詩にも視覚的な効果や、聴覚的な効果があることを本作品で是非学ばせたい。また、対比という技法も学ばせたい。さらに、別の表現の可能性とオリジナルを比べるという読みの方法、つまり「差異性」を生かした読みの方法も学ばせたい。作品の中には直接登場することはない、語り手の存在を意識をした読みの力も身につけさせたい。語り手はどういう思いで蝶を見つめているのかを意識させたい。

(2) 生徒観

中1になってから、詩「からたちの花」（北原白秋）で作品構造を把握する方法を学んだ。また、詩「雪」（三好達治）では、言葉の工夫で言外に広がる空間的な広さ、時の永遠性を表現できることを理解しながら詩の読み方を学んだ。さらに詩「信号」（三好達治）では、題名が作品に与える大きな効果について学んだ。

グループ討論が好きなクラスである。学習リーダーを中心に、どのグループも良く話し合っている。学習リーダーに、自分から立候補する生徒も多い。それにひきかえ、形象よみや技法よみの個人発表では、4～5人のいつも決まった発表者に偏っている。

(3) 教材観

教材「春」は、弱く小さい「てふてふ」が、厳しく大きい「韃靼海峡」に向かっていく様を表現している。また、上記二つの言葉の表現は、それぞれの特徴を強調する効果がある。語り手は、岸にいて、蝶が一匹海峡に向かって飛んでいく様子を見ている。

4　指導計画と評価計画（総時数２時間）

時	学習活動・学習内容	教師の主な支援	備考（留意事項）
1	○「春」の個人での読解 ・一斉音読 ・初読の感想	(1)これまで学んできたことを活用。自力で読解。 (2)疑問点を挙げる。	・特に、作品のどの言葉が、なぜ疑問に感じるのかについてまとめ考える。
2	○「春」の学級での読解 ・「てふてふ」「韃靼海峡」を、表現に着目しながら読みとる ・二者の対比 ・題名と語り手 ・テーマ	(1)特に「表記」の仕方に注目し、読みとる。 (2)他の言葉との差異や、その言葉を外した時の差異といった、読みの方法を教える。	・子どもの感想・疑問に寄り添った授業を意識。「詩は絵画」「詩は音楽」と呼ばれる由縁について触れる。また、作品内の「対比」の効果について読みとる。

5　本時（全３時間中の第２時）

(1)　本時の目標

「てふてふ」「韃靼海峡」の対比を解読しながら、本作品の特徴を捉え、詩の読み方を身につけることができる（絵画性、音楽性、対比、題名の象徴性、語り手など）。

(2)　本時の展開

時	学習活動・学習内容	教師の主な支援	備考（留意事項）
導入	(1)準備 (2)本時の目標 (3)前時の復習・確認	・必要なものの指示 ・題の一斉読 ・初読の感想を紹介。	・友だちの意見を聞いて考えを深める。 ・目のつけ所を評価。
	(1)読解順序の決定 (2)「てふてふ」の読み ・蝶々、どんなイメージ？ （班討議→発表） 【詩の視覚的効果】 ＊「詩は絵画である」	・子どもから出た疑問点の紹介・整理。 ・助言１ 昆虫としての特徴 ・助言２ 表記上の特徴 ・ひらがなと漢字の表記上の差異を確認。 ＊他の表記、言葉に変えて違いを比べる。	・授業の進め方をクラスで共有する。 ・グループで話し合ったことを発表、言葉のイメージを広げる。 ・助言をすることで、さらに言葉のイメージを広げる。

	⑶「韃靼海峡」の読み 「韃靼海峡」って、どんなイメージの海峡だろう？ 【詩の聴覚的効果】 ＊「詩は音楽である」	・助言１ 韃靼海峡という海峡の特徴について。 ・助言２ 韃靼海峡という音の特徴について。 ・間宮海峡との差異を確認。	・助言をすることで、言葉のイメージを広げる。 ・地図を示し、韃靼海峡の説明。 ・生徒の感想に戻りながら、イメージの通りであることを確認。
展開２	⑴対比の整理 ・「てふてふ」と「韃靼海峡」特徴の違いをまとめてみよう。 ＊【対比】の関係 ⑵「一匹」の読み ・「一匹」とはどのようなイメージの言葉だろうか？	・板書を元に、二つの関係を表にまとめていく。 ・一つ一つが正反対であることの確認。 ・助言 「一匹」があるのと、ないのと、どう違う？ ＊その言葉を取ってみて、違いを比べる。 ・今までの読みとつなげてまとめておく。	・生徒の感想に戻りながら、イメージの通りであることを確認。 ・目のつけ所を評価。 「弱く小さい存在が、厳しく大きな世界に挑戦していく不安や挑戦」
まとめ	⑴「渡つて行つた」の読み ・語り手は、今どこにいるのだろう？ ⑵語り手の読み ・語り手は、蝶々が韃靼海峡を渡って行こうとしたことをどう思っているか？	・助言 「飛んで行った」との差異を読む。 →蝶は人間の象徴とも。 ・助言 「春」というタイトルの意味も参考にしてみよう。	「語り手は岸にいる。また、辿り着けたかどうかは、わかっていない」 紙に書いて提出。後日、授業内でプリントにして配布。

3　「春」（安西冬衛）の教材研究

町田　雅弘（茨城県・茗溪学園中学校高等学校）

文学作品・詩「春」は、たった一行の作品ではあるが、読者にとっては頭の中に強い映像・イメージを浮かべさせる作品である。それは巧みな言語の選択がなされているからである。「てふてふ」は、「蝶々」とも表現できた。現代仮名遣いで「ちょうちょう」とも表現ができた。「蝶」でも「てふ」でも成立したはずである。その中で「てふてふ」を選択した。また「韃靼海峡」も、「間宮海峡」と表現してもよかった（「間宮海峡」と「韃靼海峡」は同じ海峡について二つの名称である）。実際、作者の安西氏ははじめ「てふてふが一匹間宮海峡を渡つて行つた。」としていた。「てふてふ」や「韃靼海峡」が作品として選択されたことの意味を考えると、この作品の仕掛け・テーマが明快に見えてくる。

「てふてふ」「韃靼海峡」という二つの言葉の対比を主軸に本作品の教材研究をしていく。

1　「てふてふ」を読む

「てふてふ」つまり蝶というモチーフを選択したことから考えてみたい。なぜ他の昆虫ではないのか。

この作品が文学作品であることを考えると、他の昆虫、たとえばカブトムシやクワガタ、またはカナブンが飛ぶ様子を描いてもよかったはずである。これらの昆虫と決定的に違うことがある。まずは「春」の昆虫であるということだ。この作品のタイトルは「春」である。春であることに何かしらのテーマ性があるとするならば、やはり春の昆虫でなくてはならないだろう。また、前述の昆虫に比べると蝶は、美しい羽の大きさが特徴的であるといえる。その点から蝶は、柔らかさ、美しさ、軽やかさ、明るさ、静かさ、穏やかさ、優雅さなどを持ち合わせている、女性的な優しさを持つ昆虫であるともいえる。肯定的な側面ばかりではなく否定的な側面を読んでおくことも重要だ。硬い羽で身を包んでいる前述の昆虫に比較すると、ちょっとした風でも吹き飛ばされてしまいそうな弱々しい昆虫であることがわかる。それは同じく春の昆虫である蜂と比較をしても明らかなことである。頼りなく、また飛び方はのろい。儚さを感じる昆虫でもあるともいえる。

次になぜ他の表記ではなく「てふてふ」にしたのかについて検討する。

「てふてふ」とひらがな書き、また歴史的仮名遣いで表記した理由についても考えてみる。「蝶々」や「蝶」と比較をして、気がつくのは文字から伝わってくる視覚的な印象の違いである。まず画数に違いがある。画数の多い漢字で表現すると、どうしても力強さが伝わってくる。特にこれだけ画数の多い文字は、読者には圧迫感、威圧感すら感じさせてしまうおそれがある。続いて一画一画の線の表現にも違いがある。直線的な漢字は、曲線で構成されるひらがなと比較すると、鋭さを感じさせる。

こうした違いは「ちょうちょう」と「てふてふ」の違いにも当てはまりそうだ。総画数や線の柔らかさを考えると、「てふてふ」という表現が、おだやかで優雅で儚いといった蝶本来の特性を一番際立たせる効果がある。視覚的効果が本作品に及ぼしている影響である。（詩は絵画であると呼ばれる所以である。）

2　「韃靼海峡」を読む

「韃靼海峡」を「間宮海峡」との比較で読んでいく。同様の四文字の熟語ではあるが、その印象はずいぶん異なる。視覚的に捉えた場合、やはりその画数に大きな違いがある。画数の多い「韃靼海峡」は、「間宮海峡」と比較すると、ゴツゴツした印象がある。岩がゴツゴツとしており、波飛沫がそこにあたる荒々しく重々しい海の様子が目に浮かんでくる。気候も厳しく、海の色は青というよりは灰色や黒で、寒々しく暗く広々としたイメージである。

こうしたイメージをさらに加速させるのは「ダッタン」

という音であろう。聞き馴染みのない音の配列はどこか遠い場所を連想させる。「ダ」という濁音から始まる。また「っ」という促音、「タン」というタ行音＋撥音は、暗さ、また力強さを印象づける。一方「マミヤ」の方は、人の苗字として聞き馴染みのある言葉である。ア段音が二つあることから、比較的明るいイメージとなる。

実際の韃靼海峡は、樺太とロシアの間の海峡であり、こうしたイメージから外れることはない。むしろ、実際のこの海峡の特性を際立たせていると言って良いだろう。視覚的効果に加えて、聴覚的効果が本作品に及ぼしている影響である。（詩は音楽であると言われる所以である。）

3 「てふてふ」と「韃靼海峡」の比較

以上の読みから「てふてふ」と「韃靼海峡」を比較すると、この二者が対比的に描かれていることがわかる。次のような対比が見えてくる。

	てふてふ	韃靼海峡
A	柔らかい	ゴツゴツしている
B	軽い	重々しい
C	小さい	大きい
D	弱々しい	力強い
E	明るい	暗い
F	ひらがな表記	漢字表記
G	音の響きがやわらか	音の響きが力強い

そして、「てふてふ」と「韃靼海峡」という言葉の選択が、この二者の対比をさらに強調していることがわかる。こうした作者の意図的な仕掛けの理由は何か。「一匹」という言葉に、その理由が隠されているようだ。

4 「一匹」「渡つて」「行つた」を読む

「一匹」という言葉を外してしまうと、この作品は「てふてふが韃靼海峡を渡つて行つた。」となる。これと比較をすると「一匹」の意味が立ち上がってくる。孤独で、心細い思いを抱きながらというイメージが広がる。これに先程の二者の対比を付け加えると、弱く小さなものが、たった一匹で心細い思いを抱きながらも、果敢にも、厳しく大きなものに挑んでいくという様子が浮かんでくる。

「渡つて」は「飛んで」と比べて読んでみる。「渡る」は「飛ぶ」と比較すると、無目的にただひらひらしているのではなく、目的地へ到着するという強い意思が読める。蝶を人間の象徴であるとも読みとれる。たった一人で大きなものに立ち向かっていくという、困難・試練・不安・挑戦・希望といった感情までもが見えてくる。

「行つた」からは、語り手の姿が見えてくる。蝶は「渡って行った」のである。「渡っていく」でも「渡った」でもない。語り手はおよそ岸辺にでもいて、だんだんと遠ざかっていく蝶の姿を目で追っている。ひょっとするともう見えなくなっているかもしれない。だから当然、その後の蝶のことはわからない。蝶が果たして渡れたのか、または渡れなかったのかはわからないのである。語り手は一体どんな気持ちで、蝶の様子を見ていたのだろう。それは本作品の中に書かれてはいないので、わからない。しかし想像をめぐらすためのヒントは存在する。それは本作品のタイトルにある。

5 タイトル「春」を読む

タイトルは作品にとって重要な意味をもつ。本作品の場合も、他に候補となりうるタイトルはいくつもある。季節を表す言葉ならば「夏」「秋」「冬」などもある。もし「冬」ならば、ずいぶんと違うイメージの作品になる。「てふてふ」「韃靼海峡」「海」などでも成立する。

「春」は、スタートの季節である。草木は芽吹き、生き物も土の中から出てくる。凍えていた身体も温まり、すっと力が抜ける。まさに生命感・開放感があふれる季節である。また入学式、新学期、入社式と、新しい生活が始まる季節でもある。新しい環境、仕事、人間関係もスタートする。押し潰されそうな緊張感・まだ見ぬ世界への期待感に満ちた季節であるともいえる。

困難・試練・不安・挑戦・希望といった気持ちを抱え、大きな存在に立ち向かっていくたった一人の存在に対して、語り手はどんな気持ちで見守っているのか。「無謀な厳しいチャレンジ」か。「行けないとも限らない、がんばれ」と思っているのか。いずれも読めるが、「春」というタイトルを見ると、か弱い存在の心細い一つの挑戦にエールを送っていると読めそうである。

注　本教材研究は、この授業の研究協力者である阿部昇との共同研究に基づく。

4　町田雅弘先生の「春」の授業へのコメント
――助言を駆使して詩を読むための確かな方法を指導している

阿部　昇（秋田大学名誉教授）

1　詩を読むための確かな方法を的確に指導している

町田先生の授業は、詩を読むための確かな方法を的確に指導している。

一つ目は、言葉のもつ絵画性である。蝶々を「てふてふ」と表記していること、間宮海峡を「韃靼海峡」と表記していることに着目しつつ読み広げさせている。教師⑪教師㊸のあたりである。言語を絵画という観点から読むことで豊かな形象が立ち上がる。

二つ目は、言葉のもつ音楽性である。特に「韃靼海峡」と「間宮海峡」を比べつつ、「ダッタン」という音のもつ特徴を読ませていった。教師㉝のあたりである。言語を音楽という観点から読むことでやはり豊かな形象が立ち上がる。詩のことを「韻文」とも言うが、「韻」はまさに「音の響き」の意である。

三つ目は、蝶々のもつ文化的形象性である。蝶々は昆虫である。しかし、昆虫を超え「優しさ」「軽さ」「弱さ」「春」のイメージなどを読ませていく。教師⑨⑩あたりである。言語には辞書的な意味の表示義（denotation）とその裏にある共示義（connotation）があるが、後者を読むことで豊かな形象が立ち上がってくる。

四つ目は、対比性に着目した読みの方法である。「てふてふ」と「韃靼海峡」の対比である。この対比性こそが、この詩のテーマを形づくる。教師㉟あたりである。これも重要な読みの方法である。

五つ目は、蝶が韃靼海峡を渡りつつあることを肯定的にも否定的にも読むという方法である。教師㊹の後の括弧書きあたりである。言語を多面的に読む方法である。六つ目は、右の二つ目で生かした表現の差異性である。教師㉙のあたりである。言語表現は別の表現可能性との差異に着目すると、その形象性が際立つ。差異性を生かした読みの方法である。

中学校1年生でこれだけの読む方法を指導できているのは驚きである。これを実現できたのは、一つには町田先生の教材研究の深さ豊かさがある。（共同研究者としての阿部との協議もそこには含まれるが。）そして、高度な「読みの方法」を子どもたちに育てたいというねらいの鋭さである。

2　町田先生の授業は指導言が的確で切れ味がある

町田先生の授業は、指導言の質が高い。まず「読む方法」やその意味づけを助言として的確に打っている。教師⑥「他の昆虫と比べてみるといいよね。」、教師⑪「『蝶々』じゃなくて、『てふてふ』。漢字で書くのとひらがなで書くのと違うみたいだね。」、教師㉚「『間宮海峡』と『韃靼海峡』、作者はこっち（韃靼海峡）を選びました。」などである。これらは、表現の「差異性」にかかわる助言である。

教師㉔「この二つが対比になってんじゃないのかなっていうことね」、教師㊹「強く対比性を表しているというふうに言えそうですよね。」などの助言もある。前者は対比という読み方、後者は言語の音楽性にかかわる読み方である。

そして、柱の指導言として教科内容提示も授業の終末に意識的に行われている。

教師㊼「（「韃靼海峡」を）『間宮海峡』と比べてたんでしたね。こういうふうに似ているものと比較すると、それが読みやすくなるということ。これ一つ知っておいてくださいね。」では、対比性に着目した読み方を総括的に提示している。また、教師(51)「詩はね、音楽だっていう人もいるくらいです。」「詩は絵画だという人もいるぐらいですね。」では、言語（詩）の音楽性と絵画性について総括的に提示している。

町田先生の授業では、子どもを促し評価する指導言も質が高い。まず促す指導言である。教師⑦「（挙手が）早い方から指していくので、班員全員で手を挙げてください。」、（はじめに手を挙げた5班に対して）教師⑬「すごいすごい、これ難しい問題です。一番早かった5班。」、教師⑮「いいとこ見つけました！　まだあるかもね。」などを見ると、町田先生が子どもたちの発言を的確に促していることがわかる。

また教師③（多くの子どもが「てふてふ」と「韃靼海峡」を指摘したことについて）「みんながここと ここに着目をしたっていうのはね。優れているんですよ。」、教師⑪「さすが中学生です。」など評価の助言も効果的である。

3　町田先生の授業は「自力思考→グループ→学級全体」の対話が大きく生かされている

町田先生の授業は「自力思考」「グループの話し合い」「学級全体の話し合い」が、有機的に関連している。

まず自力思考を重視する。教師①を見ると、町田先生は本時の前に子どもに「初読時の感想や疑問」を書かせていることがわかる。本時の前から子どもの自力思考が始まるように促している。それを本時で生かしながら学習を進めさせている。そして、本時でも教師⑤「『ちょうちょう』からわかるイメージ。それを書いてください。」と、自力思考を大切にしている。教師⑰でも（「韃靼海峡」について）「どんな海、どんな海峡だと思う？　イメージで書いてください。」と自力思考を促す。

その上で、グループでの話し合いを大事にする。何度かグループの話し合いがあるが、町田先生は各グループに「学習リーダー」を設定している。それが効果を発揮しているようである。グループの話し合いは、教師不在に近い状態を作り出す学習過程である。教師がある班に指導に行っているとき、残りの班は「教師不在」ともいえる状態にある。だからグループでの話し合いをリードする学習リーダーが必要なのである。しかし、全国各地の授業を見ていると、学習リーダー不在のグループ学習が多い。学習リーダーを設け、教師は学習リーダーを丁寧に指導・援助していく。それによりグループの話し合いの質は確かに上がる。

学級全体の話し合いでも、町田先生は各グループの意見を大切にしながら指導している。教師⑪「もう、この違いについても読み始めてるみたい。」、教師㊽「5班だったかな？　強い音で面白い。」など、グループの意見を意識的に取り上げ、それらを評価しつつ授業を展開している。

1 戦略的な言語運用能力を育成する深い学びのための授業づくりと指導言

寺井 正憲（千葉大学）

1 「深い学び」を国語学習の質の向上として考える

中央教育審議会答申（二〇一六）では、表面的な言語活動にならないように、「深い学び」のスローガンを掲げ、その鍵を「見方・考え方」とした。「平成29年小学校学習指導要領解説・国語編」の目標の解説では、「言葉による見方・考え方を働かせるとは、児童が学習の中で、対象と言葉、言葉と言葉との関係を、言葉の意味、働き、使い方等に着目して捉えたり問い直したりして、言葉への自覚を高めることであると考えられる。」（一二頁）とされる。言語学で言えば、「対象と言葉」の関係は意味論、「言葉と言葉の関係」は統語論に当たる。しかし、先の説明には、言語運用に重要な「言葉と言葉を使用する人や文脈との関係」を問う語用論の視点が欠ける。全国学力学習状況調査を見ても、言語活動を行う場面や状況が設定され、そのような中で効果的に言語運用する能力が問われている。「深い学び」が学習の質の向上を図るものとすれば、国語学習の質の向上は、先の「見方・考え方」に限らず、語用の視点から多角的に考えることが必要である。本稿では、このような立場から指導言や授業づくりについて考えることにする。

2 戦略的に言語運用する能力を育成する

伊藤崇達は「自己調整学習」を、「一般的には、「学習者が、メタ認知、動機づけ、行動において、自分自身の学習過程に能動的に関与していること」としてとらえられる」とし、「この「メタ認知」とは、自己調整学習者が、学習過程の様々な段階で計画を立て、自己モニターし、自己評価をしていることをさしており、「動機づけ」とは、自己調整学習者が、自分自身を、有能さ、自己効力、自律性を有するものとして認知していることを意味し、「行動」については、自己調整学習者が、学習を最適なものにする社会的・物理的環境を自ら選択し、構成し、創造していることをさしている」（伊藤崇達『自己調整学習の成立過程―学習方略と動機づけの役割―』北大路書房、二〇一六、一六～一七頁）とする。学びの質の向上には主体的な学習であることが重要だが、それは関心や意欲だけのことではなく、効果的に自己調整される学習であるということが重要であろう。

　このことを前提に単元を設計する場合、学習のゴールとなる目的を明確にすることが重要になる。言語活動を中核にした学習指導はもちろんだが、教師のリードで教材を読解する場合でも、何を目的に学習するかは重要で、学習の動機づけのためにも、また学習過程を明確化し、目的を実現する過程を効果的にメタ認知するためにも必要である。そのために必要な指示言は、一つ目は学習の目的を確認する発問や説明、二つ目は目的を実現する方法や学習の過程を確認し計画を立てる発問である。

　一つ目の、学習のゴールの確認に関わる発問や説明だが、これらは言語活動の授業では場づくりの問題と関わり、読解の授業では学習課題の問題と関わる。

　言語活動の授業では、図1のような場を設定する。図中の目的、相手、場面・状況、方法、評価という項目は、平成10年小学校学習指導要領・国語の改訂時の教科調査官であった小森茂氏が五つの言語意識として強調していたもので（小森茂『個を生かす国語授業論の開発　上・下』明治図書、一九九七）、これらは場で言語運用する場合の条件となるものであり、言語用論の視点から、言語運用能力の育成に関わる重要な授業づくりの要件となる。

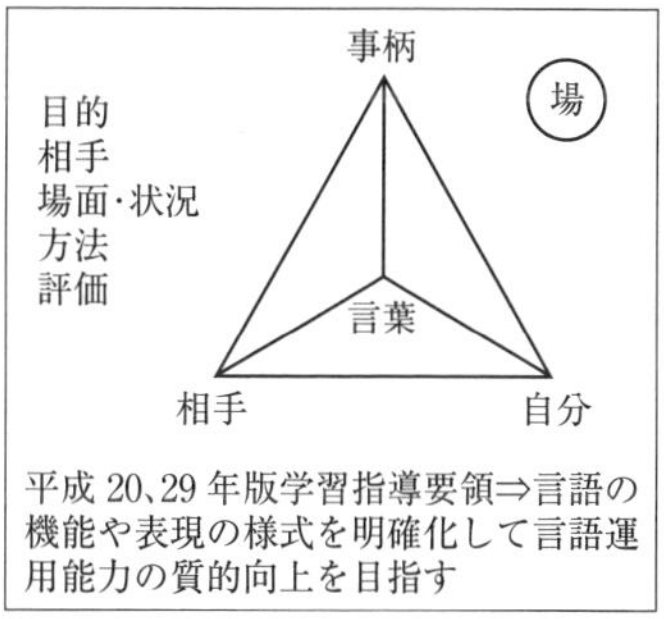

図1

　したがって、学習指導過程の冒頭には、場の条件となる言語活動の目的、相手、場面・

状況、方法、取り上げる事柄や扱う言葉、そして自分の担う役割などを示し、場のある学習を生徒に投げかける説明を行う。場の条件を考えさせる発問や条件に応じる言語運用の特質を考えさせる発問が重要となる。

通常、このような場に関わる説明や発問は、学習の動機づけにもなるので、目的の説明だけではなく、目的の実現によって自身の学びや他者への貢献などの意義や価値を意識させることが大切で、それで内発的動機づけの強化となる。そのためにも場を意義や価値が伴うものにしておく必要がある。また、場の説明は、口頭によるだけでなく、ゴールの具体例となる教師作成の見本などを示すことも多い。百の説明よりも一つの見本の方が効果的で、具体的に場のイメージが持ちやすく、実現しようとするゴールのビジョンが確かなものとなる。

その上で、二つ目の、どのようにそのゴールを実現するかという、ゴールを実現するための戦略とそれを反映した学習過程を明確化する発問が必要になる。「ゴールを実現するには、どのようにすればよいのか」「ゴールの実現には、どのように学習を進めればよいか」などの、ゴールを実現する方法や、学習の過程や計画を問う発問が重要となる。これに加えて、個別最適の考えを活かして学習の個性化を図るのなら、ゴールを実現する方法や学習の過程を複数示したり考えさせたりする説明や発問を行う。さらに、どれを選択すれば、よりよくゴールを実現するか、よりよい学びが実現するかを問う発問を追加して行い、方法や過程を自ら選択して戦略的に学習に取り組むようにさせることも考えられる。

特に、話し合いの学習指導では、ゴールやそれを実現する方法、過程などを確認することは重要である。それによって、話し合いがモニターされやすくなり、話し合いの即時的な調整や修正がよりしやすくなる。話し合いで、時に流れを混乱させる発話が生じるのは、発話者にゴールやゴールに至る過程が意識されていないことによる。どこに向かって話し合いを進めるかが分かっていないために、流れを混乱させる発話をしてしまうし、他の参加者もそのような発話を正すことができない。

再び話を戻すと、ゴールを実現する方法や学習の過程を考えさせる上で重要なのは、これまでの学習履歴を踏まえて、過去の言語活動の体験や学習を通して学んだ能力や態度などを想起させることで、それを促す説明や発問が重要となる。その上で、これまで学んだことをどう活用するか、そして新たにどのような能力や態度を学ばなければならないか、発問して考えさせるようにする。

読解を中心とした学習指導では、学習のゴールは学習課題という形で示されることが多いが、どのように学習課題に取り組むか、学習の方法や過程が示されないことが多い。研究会によっては、学習の過程を手順化して口頭で確認する場合もあるが、多くは教師の胸の内にあって学習者には知らされない。しかし、これでは自らの学習を自己調整できず、課題を解決する能力や態度はいつまでも自覚的に運用できるようにはならない。

読解指導で「学習課題を達成するにはどのようにすればよいのか」と発問したときに、学習者はどのように答えるだろうか。同じ方法を繰り返しやってきていれば、手順は言えるかもしれないが、果たして自分で運用できるか。また、一通りの方法だけで効果的に運用できるかどうか。しかし、ともかく先のような問いかけによって、学習者は学んだ方法を意識化するようになるし、教師も方法や過程を意識化させる見通しや振り返りの学習の重要性を改めて認識するのではないか。

しかし、それでも知識や技能を場の中で効果的に活用することや学習の個性化として学習の方法や過程を選択することには課題は残る。例えば、説明的な文章を要約して要旨と捉えるような場合、形式段落ごとに要約して次の形式段落との関係を捉えて積み上げて文章構成を押さえて要旨をとらえるボトムアップな読み取り方を指導される場合が多いが、まず大きく意味段落に分け、意味段落の内部の形式段落間の関係をとらえるトップダウンな読み方もある。しかし、通常は要約する読み方を複数は扱わないし、目的や状況、テキストに応じて使い分けるよう指導もない。科学読み物の紹介などという目的や状況が与えられれば、それに応じた要約が必要になるが、そのようなことも教えられていない。また、基礎基本だと教えられてきた要約の仕方は、短いテキストを正確に読むのには使えるが、丸ごと本を読む学習や調べ学習には用をなさない。思考力・判断力・表現力の育成に関わって、習得と活用を授業にどう組み込むかは相変わらず大きな課題であるが、深い学びとの関わりで考えるのなら、場の中で知識や技能が効果的に言語運用されるような授業づくりを行う必要がある。

3　場の条件をコントロールして深い学びを実現する

言語運用の能力を育成するためには、その前提として言語活動の選択の問題があり、それが場の条件の設定とも関わってくる。言語活動の選択は、学習者の学力の実態や学習の履歴、そしてどのような能力や態度を育てたいかの教師の願いなどによって異なってくる。教科書に掲載される言語活動をそのまま使うのは、学力の高い学習者には易しすぎるし、課題の多い学習者には難しすぎる。深い学びを実現するには学習者に応じて言語活動を変更したり修正したりする必要がある。

その上で、効果的な学習を実現するためには、先述の通り、言語活動の場を明確化して、言語運用の条件となる目的、相手や場面・状況、方法、取り上げる事柄や扱う言葉、そして自分の担う役割などを具体化する必要がある。これらの条件は、冒頭で考えておけばよいというわけではなく、学習過程のそれぞれの局面で意識化させたり、時に条件を追加、変更、精緻化したりすることで、効果的に言語運用する能力を一層磨くことができる。そこでは、条件の考慮を促す指示や説明、発問が必要となる。

例えば、読むことの学習指導でいえば、「平成22年度全国学力・学習状況調査 授業アイディア例小学校版」に、指導のねらいとして「物語の構成上の工夫をとらえたり、複数の物語を読んで自分の考えを広げたり深めたりすることができるようにする」（三頁）とする授業アイディア例が掲載されている。その例1として、「要約したあらすじを物語の構成要素に着目した本の帯に書き換えることで、物語の構成上の工夫をとらえる」事例が示されている。そして、「物語の構成要素」として「A人物設定・状況設定　B発端・事件展開・山場・結末」を挙げて、Aを中心に書いた例、Bの山場・結末を中心に書いた例、Bの発端・事件展開を中心に書いた例の、三案が示されている。帯の文字数は一二〇字程度だが、学びの質を向上させるという点で示唆に富んでいる。

通常、本の紹介という言語活動では、あらすじについては途中まで書いて、「さて続きはどうなるでしょう」と期待感を持たせて終わるように指導されているが、物語の構成のどこに着目させるか、そしてどこまで書かせるかという指導は例がない。この事例は、場面・状況や方法に関わる条件を加味して、構成要素の知識や技能を意識的に活用できる能力を育成しようとしている。

本の帯を作らせる学習は、何となくできることも多く、また書かせる分量が少ないこともあり、学力の高い学習者にはほとんど学習効果が生じない。しかし、あらすじをつかむ知識や技能を明確化し、条件を設けて意識的に活用させることで、学習効果を上げることに役立つ。さらに条件を付与して、例えばあらすじのまとめ方を変えて複数の帯を作るという条件を設定すれば、一二〇字という文字数の少なさゆえに操作性が高く、しかし量的な負担感にはつながらず、知識や技能を使い分ける能力を一層磨くことができる。大切なのは、それらの知識や技能を意識的に運用できることである。なぜその操作をするかを説明させるような指示や発問を行うことで、自らの運用をメタ認知させるようにしていきたい。

書くことの学習指導では、さらに意図的に場の条件をコントロールして効果的な学習指導につなげることができる。平成28年度千葉県長期研修生の内山恵美子は「書くことにおける説明する力を高める学習指導―相手意識を中核とした学習プロセスの工夫と場の設定を通して―」で、五年生の児童が次年度入学する新一年生の保護者に対して学校案内リーフレットを作る場を設定して、効果的に書いて説明する能力を育成する学習指導を実践した。

学校案内リーフレットを作る目的の実現が新一年生保護者の役に立つという意義や価値を意識させて学習の動機づけを強化するとともに、新一年生の保護者が求める「入学が楽しみになり安心できる情報がほしいという」ニーズに応じて、内容を発見させ、取材、選材の能力を効果的に運用する学習が組み込まれている。

また、説明の方法としてQ&A方式と問いのない方式の二種類を設定して、その基本的な書き方を説明し、両者を書き換えたり書き分けたりする練習をさせている。その上で、担当する複数の話題について、両方の書き方を使って説明させている。複数を作るという条件が説明の方法を意識的に使い分ける学習につながっている。

さらに、内山実践では書かせる分量についても条件を設定することによって、冗長な表現や適切でない情報を削ったり、文のねじれを修正したり、簡潔ない表現に書き換えたりする、記述や推敲の学習を効果的に指導している。具体的には、四〇〇字を二五〇字にするという文字数の条件を設定して、長く書いて短く絞るという操作を取り入れている。教師の見本教材として四〇〇字を二五〇字にした二つの文章を提示して、「どのようなルールで短く書き換えているか」と発問して、長い文章を短く書き換える知識や技能を学ばせ、それらを自らの文章に活用して四〇〇字を二五〇字にする推敲を行わせている。通常、作文の推敲は、文字の間違いやせいぜい音読で文のねじれに気づかせる程度であるが、説明する内容の吟味や冗長な表現、情報を削る推敲が行われており、小学校五年生の推敲の学習として深い学びが成立している。

場における条件の設定は、言語運用能力の育成において学びの質を向上させる契機となる。そのためにも、言語活動を行う場を丁寧に設計し、その場にどのような条件を付与することが機能的な言語運用の能力を向上させることにつながるか、言語活動の教材研究を通して考えることが大切である。言語活動の教材研究とは、自らが言語活動をやってみることであり、その成果を見本などに活かすようにする作業である。教師は、一方で身に付けさせたい能力や態度を明らかにし、他方で学習者のことを考慮しながら、自ら言語活動を行うようにする。見本は学習材として、学習者の学習過程の進行に応じて、単元の冒頭ではゴールをイメージさせるのに役立ち、読む段階では読み方や情報の扱い方などの例示となり、書く段階では表現の仕方の例示となる。学習の進行に応じて学習者のニーズに合った機能を発揮する。見本について、そこにどのようなルールによって言語の操作や情報の操作が行われているかを考えさせる発問や説明が重要である。そのような取り組みが言語生活から言語運用を学ぶ構えにつながる。

4　「深い学び」のための言語活動の振り返り

自己調整学習では、学習の成果を踏まえて次の学習へとつなげるために自己評価活動が重要となる。言語活動の学習における自己評価活動として、論者は、①目的に照らした振り返り、②言語活動の意義や価値に関する振り返り、③学習を通して学んだ能力や態度に関する振り返り、という三つの振り返りの視点を重視している。

①の視点は、目的の実現に関わる評価の項目である。学習のゴールとなる目的に照らして学習者は自らの言語活動の営みをモニターし続けてきているが、それによって自らが選択した戦略的な取り組みやその過程の有効性を確認したり反省したりすることになる。そのことが、次の学習における学習戦略の質を向上させる。また、目的を実現するという成功体験が、自己効力感や自己肯定感を実感させる。当初の目的や他者への貢献を確認し、また共に学習を進めた学習者同士で学びの感想を交流するなどを通して、自己効力感や自己肯定感を増幅するような振り返りの演出があるとよい。

②の視点は、言語活動の意義や価値を考える評価の項目である。体験した言語活動、扱ったテキストや資料、話題や情報などの意義や価値を考えることで、言語活動やテキスト、資料、話題、情報などに関わる社会的文化的な見識を養うことに役立つ。貢献した他者からの感謝の言葉などもこのような見識を補強する。このような見識は、①の振り返りで得られた実感をより奥行きのあるものにし、次の学習の内発的動機づけにも有効に働く。

③の視点は、能力や態度を評価する項目である。学んだ能力や態度を整理することは、次の学習にそれらの能力や態度を活かすために重要である。身に付けた力を直截に問う発問をしても、学習者は能力や態度を適切に言い表すことはできない。そうではなくて、例えば来年同じ学習を行う後輩に方法を教えてあげようなどと呼びかけて、その方法はどのようなものかと発問すれば、学習過程を振り返って、教師がねらいとした観点ごとに、大切と思われる能力や態度を言葉で整理することができる。それらが学習を通して身に付いた能力や態度を自覚化させ、学びを実感させることに役立つ。

学習者に自らの学びを振り返らせる指示や発問は、結果だけに焦点を合わせるのではなく、学習過程を丁寧に想起させ、ときには学習者の交流を取り入れて、学習の実感に基づいたものを引き出すようにしたいものである。そのためには、何より学習者の「わかった」「できた」という成功体験が大切である。そのようになるよう、そもそも学習指導が設計されておくべきであろう。

2　リーダーシップとしての「指導言」
――高校文学探究学習の指導において

植山　俊宏（京都教育大学）

1　緒言

以下の論述は、「指導言」という場面的なものは扱っておらず、年間を通じての「指導」の姿が示されている。A高校の探究学習に年間一四時間関わって、専門的見地から強く学習者を導いた姿である。この点を了解されたい。

2　文学教育の行き詰まり感

浜本純逸は、一九八〇年までの文学教育論を次のように概観した上で、文学教育と文学史との関係に言及する。

人間の生きる「あかし」を記してきたのが文学史である。その中から、これからの子供たちに、生活を見つめさせ、人間について深く考えさせ、生きている喜びを感じさせ、生き方を模索する想像力を育てる教材を発見し、子どもたちの発達をうながす系統の中に定位していかなければならない。(1)

この文学史と文学教材、文学教育の目的との関係からすると、文学史の変遷、変容をとらえる必要がある。一般的には、一九八〇年以降に経済大国日本の崩壊が起こり、それが文学の価値に大きな影響を与えたとされる。知性、教養としての純文学から、ベストセラー、映像メディア化の大衆文学へのシフトチェンジ、芥川賞と直木賞の価値の転換などの文学の価値をめぐる大変動が起きている。そして、文学という活字メディアが、ほかのメディアの台頭により、相対化され、「カルチャー」という枠組みの中の一分野としてとらえられるまでに至っている。これらの動きと文学教材との関係は、当然連動の関係にあるはずだが、国語科教育としての文学教育には別のファクターが絡む。制度的な教育内容としての教科書教材、それ以外の教材の位置づけの問題である。しかし、論旨の複雑化を避けるために、言及しないこととする。

3 「文学史」の再検討—文学教育の再定位を探る—

木股知史は、「メディア環境」の視点から、文学の再把握を行っている。

一九七〇年代に入ると、活字メディアと映像メディアの相乗効果によって、ベストセラーを人為的に作り出そうとするブロックバスター方式が行われるようになった。（中略）そこでは、オリジナルとしての文学は、複製された映像作品と別の次元にあるのではなく、市場で消費される複製文化の一部と化している。娯楽を提供するマス・カルチャーの巨大な市場が構成され、文学は、消費される文化の一つのジャンルにすぎなくなった。

一九八〇年代に、マンガなどのサブカルチャーが、消費文化に全面的に浸透していった。サブカルチャーとは、もともと若年層特有の文化など、全体の文化の中の部分を構成する文化の意味であるが、それが消費文化の主流となったのである。(2)

木股は、この動きに対して、大江健三郎が吉本ばななを取り上げ、自らの純文学と区別してとらえようとしたことを挙げつつ、それが不可能であることを述べている。

だが、書き手の意識の側から、メディアの変容という条件を無視して、文学の質を区別することは、すでにあまり意味を持たなくなっている。メディア環境から独立した純文学は、虚像としてしか成り立ちようがない。メディア環境の変容は、大江健三郎も吉本ばななも、消費の対象としては、まったく等価であるという事態をあたりまえのこととして実現してしまっている。そこでは、画一的な文化が量産されるだけではなく、サブカルチャーの表現としての高度化という事態も生じるのだ。(3)

木股のこの論考は、一九九七年当時のものである。その後、この「活字メディアと映像メディアの相乗効果」は、二〇一三年時点で崩壊を始めている。活字メディアとしての文学の出版点数がこの年を境に減退を続けているからである。(4)

文学教育は教科書教材を中心としていることにより、いわゆる「名作教材」の束縛を受けている。「名作教材」は、戦前のものが多く、現代の文化、価値観を反映させたものとはいいがたい。普遍的なものも存在するが、それが主流とはいえまい。おおげさにいえば、文学教育のガラパゴス化が進んでしまっている現状が見て取れよう。

4　問題解決の二相—論理的思考力と予見力—

乱暴に総括すると、論理的思考力による問題解決は精緻さが生命線である。だが、この問題解決は中長期のものが主流とはならない。時間に強引に当てはめるとすると、三十年という長さの問題解決を論理的思考力で行うことは困難である。論理的思考力は、連続性というもう一つの条件を要求する。連続的に問題解決を行うことが不可能ならば、論理による問題解決は破綻する。

これに対して、文学における予見力は、論理的な問題解決ではなく、直観力である。文学のジャンルにもよるが、想像によって創作される世界は一定の論理性をもつものの、確実な連続性でとらえられるものではない。しかし、問題解決という視点からみると、中長期のスパンでとらえることができる。失敗した問題解決も「予見」の重要な要素である。文学は、三十年後、五十年後の世界を創造する。作家の提示する虚構世界を直観的にとらえ、受け止めることで、読者自身に「予見力」を生成させることにつなげたい。おそらく、単一の作品では「予見力」は育てられないだろう。間テクスト的にいくつもの作品を類比的にとらえる作業で実現するものであろう。

この類比的に作品世界をつなげ、構造化する作業は、実際的には比較読書（比べ読み）といわれるものになる。しかし、希薄な目的意識による比較読書は単なる読書の拡張に終わる。一時期流布した並行読書は、結論的にいえば、読書愛好者を増やし、不読者もまた増大させたフタコブラクダ状態を創出している。今存在しない新世界を予見するために比較読書を行い、その予見を日々検証していくことで予見力を確固たるものとし、強靭化していくことが求められる。ここにもう一つの要因が関わってくる。個人の「予見」は、独断、独善に陥りやすい。共同的に比較読書を行うこと、その成果を個人の読書に反映させ読書人生とすることが肝要である。共同的な比較読書を横の軸、個人の読書人生を縦の軸とするのである。この縦横の往還、連動が協働的な読書行為を形作る。

この方向性と精神性が実現すると、文学そのものへの信頼性を再確保することにもつながるのではないか。現状の文学は、各種の視覚的なメディア、ミックスメディアに圧倒されている。だが、文学の読みにおける想像、新世界の創造が読者自身の将来、未来を予見するという一定の確信が得られれば、予測困難な時代を生きようとする若年層によりどころとなる価値を生み出すことができよう。「役に立つ文学」の位置づけを明確にしたい。(5)

ここまで論じてくると、これまで読者にもたらされてきた「感動」はどこに位置付ければいいのかという疑問が生じる。単に読書が、自分の考え(主に予見した世界)の枠組みを更新する目的で行われるとしたら、「感動」は軽視され、その位置は脆弱なものとなる。この読書行為における「感動」と「予見」との関係は重要な意味を持つと推測されるが、仮説的に指摘するに留める。

5　A高校の文学探究学習の検討

A高校の探究学習は、「アカデミックラボ」とよばれ、二年生を対象とする。このうち、稿者が指導者としてかかわっているのは、「日本文学から見る近・現代」ラボである。本年度で八年目になる。「近・現代」という語が用いられているのは、一九〇〇年以降一二〇年間の文学に時代の変容をとらえようと試みたことによる。もちろん、この「時代の変容」は、歴史学としてではなく、小説家という文学者の目でとらえられた「時代」から探っていくことで把握できるとした。夏目漱石が二十世紀初頭にシフトを敷いたと思われる漱石シフトの次のシフトを探究することを目標としている。稿者による講義と比べ読みのワークショップから始まる。

「熊」を素材とした「なめとこ山の熊」（宮沢賢治／一九二七年頃）と「神様」（川上弘美／一九九四年発表）を用いて、時代間の相違をとらえることをねらって行う。

以下は、事前に教材を送付する際に付したコンセプトの説明書きである。高校生に文学を探究させる一つの根拠を与えることを目的としている。

「日本文学から見る近・現代」

植山　俊宏（京都教育大学）

一、日本文学は近・現代の社会の問題、人間の問題を映してきた

文学、とりわけ小説は、社会や人間のもつ問題を取り上げ、論理ではなく、描写という方法を中心的に用いて、その成り行きを描いてきました。簡単にいうと、問題を抱えた社会や人間の変わりようを姿やできごととして描き、作品にしたということです。

近代の小説が日本に入り、翻訳の形で広まったのは明治時代の半ばでした。その後、明治後期から末になると当時開発された言文一致の日本語を用いて、日本のさまざまな特徴的な姿や事件に取材した小説が書かれるようになりました。明治という時代が近代社会へ変貌を遂げたことで、その社会ではさまざまな摩擦や争いが起き、それが小説という形で取り上げられるようになったということです。この小説を確立した人物は何人かいますが、その中でもっとも著名な人が夏目漱石です。漱石が本格的に活躍し始めたのは二〇世紀に入ってからでした。

・「吾輩は猫である」１９０５・「坊っちゃん」１９０６・「三四郎」１９０８・「それから」１９１０・「こころ」１９１４・「明暗」１９１６

漱石が手掛け始めた近代社会の問題を扱った小説は、その後新聞小説が広まったこともあり、多く書かれるようになります。芥川龍之介、武者小路実篤、谷崎潤一郎、志賀直哉などの文豪と呼ばれる大小説家は、漱石が発掘し、推薦し、作品の発表先などを世話した人たちでした。しかし、それは「人」を世話したのではなく、問題を掘り下げる能力を持った作家を推したのでした。いずれも漱石自身が手掛けたテーマというより、作家本人が見出したオリジナルのテーマに取り組んでいます。そうすると、漱石が敷いておいたシフトが成功したことになります。名スカウト漱石といえるでしょう。

この漱石シフトは、二十一世紀の近くまで機能しますが、どうも１９９０年前後に崩壊したようです。社会の価値観・つながり、仕事観・職業観、家族観・人間観などの大

きな変化が原因と見られます。そのあたりから、これまでにないテーマに取り組む、宮本輝、村上春樹、よしもとばなな、川上弘美、小川洋子、江國香織、三浦しをん、恩田陸、万城目学、伊坂幸太郎、有川浩、角田光代、瀬尾まいこ、原田マハ、西加奈子、絲山秋子、などの作家が出てきて、新しい現代社会の問題を描き始めています。その流れは二十一世紀に入り、広がり、複雑化していっています。

二、小説と近・現代の関係を捉える方法

漱石以来の小説と近・現代社会の関係を見ていこうとすると文学史全体を視野に入れなければなりません。ですが、それは、不可能に近いことです。そこで、このラボでは、次の二つの方法のいずれか、もしくは組み合わせを用いることにします。

①ある一定期間に発表された小説に共通するものを見極めて編をとらえる（今回のワークショップ）。「カニバリズム（人食）」「タイムスリップ」「堕落していく様」なども。

（中略）

②1990年以降の新しい現代社会の問題が小説になった道すじをとらえる。

★（一例）血縁とは異なるつながりによる親子・家族のあり方（以下、略）

ここからの年間七回（一四時間）の指導を行っていく。

七回の指導では、探究の成果として、文学による将来、未来の「予見」につながりそうになく、役立ちそうにないものについて、評価を行い、その理由と根拠を明確に説明し、議論する。これを「指導言」と呼べなくはないが、成人の専門的な読者が探究途中の高校生を強力に支援するといった方がよく、そこにはリーダーシップを反映した指導言が展開される。

最終の探究成果の一つとして、研究レポートをまとめる。次に示すのは、その一部である。

現代社会をデフォルメする小説（A・B・Cの三名）

Abstract

「現代社会をデフォルメしている」小説を各自で探して読み、その中で現実をデフォルメ（現実との共通点・差異）している描写を比較する。

小説内の現実をデフォルメした描写は現実をただ反映したものではなく、現実と似つつもズレをもつものである。しかし同時に、きっかけがあれば現実から転じうる可能性を常に持っている。

1 序論

デフォルメとは対象の形態を変形することによってもとの対象を強調する技法である。また歪形とも称されるように、デフォルメされた対象は通常の状態と比べて歪であることが多い。したがって、デフォルメされた対象はデフォルメ前と共通の特性を持つ一方、生じた歪みが一種の違和感として現れる。これは現実の事象・風潮等を小説が反映する所謂〝鏡〟の役割との明確な違いである。ここではデフォルメの対象が現代社会であるとする。そして、現代社会と共通する歪みがある、つまり現代社会の様相と似ている一方違和感を感じる描写や世界観に注目する。

2　本論

（研究方法）

テーマにあった本を選び、各自で読み進め、現実をデフォルメしている部分（現実との共通点・差異）を比較する。

（結果・考察）

・「★No.6」（あさのあつこ）この小説では、社会構造をテーマに取り上げた。この作品は、「No.6」と呼ばれる都市の中で起こる出来事を描いている。私たちは、この「No.6」の都市の構造が現代社会をデフォルメしているのではないかと考えた。

「No.6」の都市は、主に三つの要素で構成されている。「No.6」の政府と、都市の内部の住人、都市の外部の住人である。都市外部の人間は政府から厳しい迫害を受けているが、内部の人間は政府によって隠蔽されるその事実に気づくことができない。それは、住人に現状への無関心が染み付いてしまったからである。この作品の中に、「市民の大多数は、公園の自然で充分満足しているようだった」という一文がある。「No.6」では、政府によって公園の自然も管理され、提供されている。この一文は、政府が人々から現状への不満を取り去ることで、外部（都市の外にある、人の手の加わっていない「自然」）への興味をも取り去っていることを表しているように思う。

現実でも、政治への無関心や、政府による情報の隠蔽は実際に起こっているのではないだろうか。しかし一方で、この作品は連絡手段の限定や、身分による分断などによって個人の孤立を特に強く描いているように思え、これは現実との明確な差異であると感じる。

・「献灯使」（多和田葉子）この小説では、身体機能の衰えというテーマを取り上げた。年老いた義郎は、健康な生活を送っている一方で、ひ孫の無名は、筋肉が足りず飲食でさえ困難な生活を送っている。このような身体機能の逆転が言葉の意味合いを変化させているのではないだろうか。義郎は可哀想な無名の身を案じて嘆くが、衰えた身体機能に適応した無名はそんな曾祖父を不思議そうに慰めたまま、自身の身体機能の衰えについては危機感をおぼえていない。

現代社会との共通点は、科学技術に依存し、身体機能が低下してしまうこと、それに無自覚で、当然のものとして受け入れていることだと思う。一方、現実と比べて若者の身体の脆弱性が強調されていることだと思う。

（中略）
3　まとめ
デフォルメされた（＝歪んだ）世界は現実をただ反映したものではなく、現実と似つつもズレをもつものである。しかし同時に、きっかけがあれば現実から転じうる可能性を常に持っている。筆者はそういった現実とは少しズレた一つの可能性を考察したりするためにデフォルメという技法を選んだのではないか。

小説を通じて社会の動きを読み取ることができないかさらに研究したい。そのために、執筆時期と同時期の事件、災害、ブームなどが作品に影響を与えているのか詳しく調べたい。（以下、略）

6　結語

半ば我田引水的に、論述を行った。本物の文学探究により、文学教育の再生を試みている事例の提示と検証である。新たな文学教育の提起、文学による探究学習の提案として受け止めてもらえれば幸いである。そこで行われる「指導言」は、学習者を導くというほどの柔らかさはない。その立論が成立するかどうか、徹底的に吟味、議論させ、その可否を判断していくためにかなりの厳しさをもって行うものである。

最後に蛇足を加える。この一年間の指導では、指導者は、多い年で六〇冊以上、少ない年でも三五冊の読書の準備を要した。この読書量を確保した上での「指導言」であったことを示しておく。これは本年度も継続している。

引用・参考文献

（1）浜本純逸「文学教育論の推移と展望」『講座国語科教育の探究③理解指導の整理と展望』全国大学国語教育学会編・明治図書、一九八一年、一八七頁
（2）木股知史「メディア環境と文学」『岩波講座日本文学史第14巻二〇世紀の文学3』岩波書店、一九九七年、一〇六頁
（3）（2）に同じ。
（4）総務省統計局ＨＰ「日本の統計　第26章文化」二〇二三年
（5）植山俊宏・伊藤汐里・湯浅佑介「高等学校段階における文学の予見力を核とした探究学習の研究 ―授業実践の分析及び考察を中心に―」『京都教育大学紀要』第一四一号、二〇二二年、六一～七九頁

3　「Which 型課題」の国語授業

――「ゆさぶり発問の視覚化」で「深い学び」を生み出す

桂　聖（筑波大学附属小学校）

1　「Which 型課題」の国語授業

二〇二二年の文部科学省の調査では、通常学級には、学習面又は行動面で著しい困難を示すとされた児童生徒が八・八％以上在籍していることが明らかになった。こうした発達障害の可能性のある子を含めて、全ての子が楽しく学び合い「わかる・できる・探究する」ことを目指す国語授業をつくっていきたいと考えている。

また、学習指導要領では「主体的・対話的で深い学び」の実現を目指している。通常学級に在籍している国語が苦手な子を含めて、全ての子が「主体的・対話的で深い学び」を実現する授業をつくっていくことは重要な実践課題である。

では、どのように国語授業をつくっていけばよいのだろうか。結論から言えば、「Which 型課題」の国語授業が有効な指導方法の一つだと考えている(1)。

「Which 型課題」とは「選択・判断の場面がある学習課題」である。たとえば、「Aか？　Bか？」「1、2、3のうち、どれか？」「1、2、3のうち、どれが一番〜か？」のようにして、学習者が選択・判断する場面をつくる。

この「Which 型課題」のメリットは、何よりも、全ての学習者が参加できることである。明確に理由をイメージできなくても、どれかを選択・判断することは誰でもできる。

国語授業では、「Which 型」の他には、「What 型」（何？）、「Why 型」（なぜ？）、「How 型」（どのように？）などの学習課題がよく使われている。

たとえば、五年生物語文「大造じいさんとガン」の授業では、次のような学習課題で授業を進めることもある。

- ●「What 型」三場面の大造じいさんの気持ちを考えよう
- ●「Why 型」なぜ大造じいさんは銃を下ろしたのか？
- ●「How 型」大造じいさんの気持ちの変化は？

だが、この「What 型」「Why 型」「How 型」では、クラスにいる国語が苦手な子が参加しづらいことがある。こうした学習課題を設定して、教師が「では、五分時間を取るので、ノートに自分の考えを書きましょう」と指示をしても、苦手な子は書けないことが多い。

これらの学習課題は、次のように「Which 型」に変えることも可能である。

- ●三場面で、一番プラスの心情は、どの文？
- ●大造じいさんが銃を下ろした理由は、どれ？
- ●この作品は、ハッピーエンド型？　それとも、アンハッピーエンド型？

「Which 型」になっても、苦手な子には難しいかもしれないが、選択・判断するだけなら参加できる。選択・判断の理由は書けないかもしれないが、選択・判断をすれば、その後の話し合い活動が気になる。「Which 型課題」を設定することで、苦手な子も主体的な学びの第一歩を踏み出すことができる。加えて、各自が選択・判断することで、各自の「考え」が異なることも明らかになる。「Which 型課題」の設定は「対話的な学び」も保障できるのである。

2 「Which 型課題」のバリエーション

「Which 型課題」は、「文章を読む力」に基づいて構想できる。読む力には、図1のように、三つのレベルがある。(2)

一つ目は、「確認読み」のレベルである。これは、クラス全員が確認できる読みである。

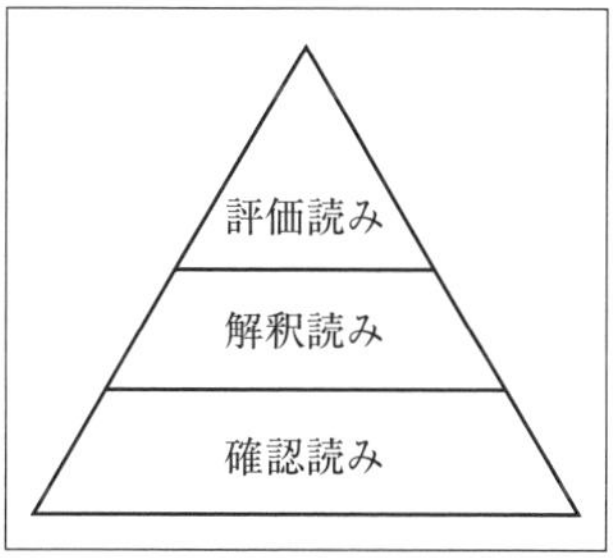

図1　三つの読みの力

二つ目は、「解釈読み」のレベルである。極論を言うと、読者が百人いれば、百通りの解釈がある。私たち読者は、確認読みをベースにしながら、独自の解釈読みをしているのである。

三つ目は、「評価読み」のレベルである。評価読みは、誰でもできる。一年生でも六年生でも、文章に関して「面白い／面白くない」「わかりやすい／わかりにくい」などは言える。評価読みには、誰もが決めることができるという特徴がある。

しかし、質の高い「評価読み」をするには、質の高い「確認読み」や「解釈読み」が必要になる。

「Which 型課題」も、これらの「三つの読みの力」を基本にして構想する。以下は「三つの読みの力」をベースにしながら、これまでの授業実践や、長崎伸仁氏らの先行研究[3]をふまえて、「Which 型課題」を10のバリエーションに整理したものである。

◆確認読みレベル（答えが一つに決まる）

①○○は、A？ B？

②○○は、A～Cのうち、どれ？

◆解釈読みレベル（答えが複数ある）

③○○として適切なのは、A？ B？

④○○は、A？ それともnot A？

⑤一番○○のは、A～Cのうち、どれ？

⑥もしも○○だったら、A～Cのうち、どれ？

⑦もしも○○の順位をつけるなら、その順番は？

⑧もしも○○を目盛りに表すなら、いくつ？

◆評価読みレベル（答えは各自で決める）

⑨○○は、いる？ いらない？

⑩いい文章？ よくない文章？

具体的には、次のような10のバリエーションの「Which 型課題」で授業実践が可能である。

◆確認読みレベル（答えが一つに決まる）

①それぞれの情景の文は、マイナス、プラス、どっちかな？
（四年生物語文「ごんぎつね」）

②二年間、三年間、四年間のうち、何年間の話かな？
（五年生物語文「大造じいさんとガン」）

◆解釈読みレベル（答えが複数ある）

③作品の主題として適切なのはどれ？
（五年生物語文「大造じいさんとガン」）

④豆太は臆病？ それとも臆病ではない？
（三年生物語文「モチモチの木」）

⑤一番すごいのは、どのこまの事例？
（三年生説明文「こまを楽しむ」）

⑥もしも資料を五つに絞るなら、七つの資料のうち、どれを残す？（五年説明文「固有種が教えてくれること」）
⑦もしも説明したい自動車に順位をつけるなら、その順番は？（一年生説明文「自動車くらべ」）
⑧もしもちいちゃんの三場面の気持ちを目盛りに表すなら、十点満点中いくつ？（三年生物語文「ちいちゃんのかげおくり」）

◆評価読みレベル（答えは各自で決める）

⑨七・八段落の説明は、必要？　不要？（四年生説明文「アップとルーズで伝える」）
⑩名作得点は、百点満点中何点？（六年生物語文「やまなし」）

現実的には、10のバリエーションを意識しなくても、教材の特性、授業のねらい、子どもの実態をふまえた上で、「Which 型課題」を構想すればよい。

ただし、「三つの読みの力」のレベルによって、学習課題に対する「答えの質」が異なることには留意する必要がある。確認読みレベルでは「答えが一つになる」し、解釈読みレベルでは「答え（解釈）が複数ある」し、評価読みレベルでは「答えは各自で決める」ことができる。

それぞれの学習課題では、授業も目的が変わることにも留意が必要である。たとえば、学習課題の答えが「一つになる」場合では、全員で話し合って一つの答えを発見することが目的になる。「複数ある」場合では、各自が解釈を深めることが目的になる。「各自で決める」場合には、その評価の理由を出し合って、各自の読みの根拠を確認した上で解釈を深めることが目的になる。

学習課題を設定する時には、子どもに「この学習課題の答えは一つかな？」のように問いかけて、「答えの質」を意識して授業を受けるように助言する。そうしないと、教師と子どもとの目的意識がズレることがある。たとえば「答えが様々ある」場合の学習課題において、教師は各自の解釈を深めるために授業を進めていたはずが、子どもは「答えが一つ」だと勘違いをしてしまうことがある。その結果、授業の終盤に「先生、結局、答えは何なの？」という的外れの質問をすることになる。

3 「Which 型課題」の国語授業モデル

「Which 型課題」の国語授業では、その授業モデルとして、次の四つの授業場面を想定している。

①問題意識の醸成
課題設定に向けて、全員の理解をそろえ、問題意識の醸成を図る。
②「Which 型課題」の設定
問題意識を引き出した上で、「Which 型課題」を設定し、子どもの考えのズレを際立たせる。
③考えのゆさぶり
子どもの考えを整理した上で、ゆさぶり発問を投げかけ、深い学びを促す。
④まとめ・振り返り
課題に対する答え、読み方の整理をする。学び方の振り返りを促すこともある。

「①問題意識の醸成」や「②『Which 型課題』の設定」によって、学びの第一歩としての「主体性」を引き出す。

また、「②『Which 型課題』の設定」によって、学習者の考えのズレを際立たせて「対話」を引き起こす。ただし、この場面では、子どもの読みが「拡散」する。多様な読みが出る。このこと自体はとてもいい。だが、「拡散」したままでは、子どもには、何が大事なのかがわからない。読みが「拡散」した後には、その「収束」を図る必要がある。

そこで話し合い活動の後半では「③考えのゆさぶり」として、子どもの学びの文脈に寄り添いつつ、「ゆさぶり発問」を投げかける。「収束」として「新たな着眼としての読み方」に気付けるようにするのである。

その結果として「④まとめ・振り返り」では、課題に対する答えを確認したり、その課題解決のプロセスで活用した「新たな着眼としての読み方」を整理したりする。振り返りをすることが適切だと思われる授業については、学びのよさや課題について振り返りをする。

なお、「新たな着眼としての読み方」を想定するには、たとえば筑波大学附属小学校国語教育研究部が作成した説明文の系統指導表、文学の系統指導表における「読みの技能」「読みの用語」が参考になる。(4)

だが、こうして授業場面を想定することは、かえって子どもの「主体性」を奪う可能性がある。実際の授業では、子どもの「学びの文脈」に寄り添いつつ、子ども同士の学び合いが促進・深化するようにファシリテーションをしていくことが重要になる。

4 ゆさぶり発問の視覚化」で「深い学び」を生み出す

「Which 型課題」の国語授業モデルでは、「③考えのゆさぶり」場面において、「ゆさぶり発問」を投げかける。この「ゆさぶり発問」こそが「深い学び」を生み出す有効な手立てである。私が考える「ゆさぶり発問」とは、次のような発問である。

子どもの学びの文脈に寄り添いながら、その無自覚な「解釈」「読み方」に関して、教師が仮定的に「不適切な解釈」を投げかけることによって、自覚的に「読み方」を発見・活用して「より深い解釈」を促す発問

授業前半では、「Which 型課題」に対する自分の考えや友達の考えが「拡散」的に表れる。授業後半では、その文脈に寄り添いつつ、「ゆさぶり発問」によって、「収束」的に深い思考や認識に導く。

たとえば、次のような「ゆさぶり発問」がある。

教師　もしも自分が豆太だったら、真夜中、五歳の時に、モチモチの木がつっ立っている外のトイレに行けるよね？

★自分を豆太の状況に仮定して想像することで、語り手が言うほど、臆病ではないかもしれないことに気付かせる。

（三年物語文「モチモチの木」）

教師が仮定的に「不適切な解釈」を投げかけることで、「無理！ だって～」「ダメ！ なぜなら～」などの子どもの否定的な反応を引き出す。子どもが主体的に思考・表現し始める瞬間を引き起こす。

このようにして、言葉だけで「ゆさぶり発問」を投げかけることも有効である。だが、いくつかの授業実践を行ってきた結果、言葉だけよりも、教材を新たに提示したり削除したりして、視覚に訴えながら「ゆさぶり発問」を投げかけた方が、より多くの子どもの思考を活性化することが分かってきた。これが「ゆさぶり発問の視覚化」である。次のような指導方法である。

「不適切な解釈」としての視覚的な教材を活用して、「ゆさぶり発問」を投げかける教授行為

たとえば、二年生物語文「お手紙」の授業（授業実践当時の対象は、二年生ではなくて、一年生の子どもだった）では、読み聞かせの後で感想を交流する中で、「チーターのイラスト」を提示しながら、ゆさぶり発問を投げかけた。

教師　かえるくんのこと、不思議に思わなかった？　どうして足が遅いかたつむりくんに頼むの？　先生だったら、チーターに頼めばいいと思うな。

すると、子どもが次のように反論してきた（以下は発言の要点のみ）。

児童①　それダメ。それダメ。
児童②　かたつむりくんは友達だから信用できるけど、チーターは信用できないかもしれない。
児童③　かたつむりくんは友達だから。チーターは森とかにいる。
児童④　チーターは速すぎて、がまくんの家に突っ込んじゃう。
児童⑤　チーターだったら、もしかしたら裏切って隣の家に行っちゃう。
児童⑥　チーターだったら、かえるくんを踏み潰しちゃう。背の高さが全然違うから。
児童⑦　かえるくんは、チーターに会ったら食べられちゃう。
児童⑧　かえるくんは、がまくんにびっくりしてもらいたいのに、チーターに運んでもらったら、すぐに飛んでいってしまう。ガサッと音がして、がまくんが気付いてびっくりしてもらえない。
児童⑨　楽しみは長い方がいい。
児童⑩　チーターは速く行くから、持っていた手紙が飛ばされてしまう。
（後略）

「チーターのイラスト」を提示しながら、視覚的に「ゆさぶり発問」を投げかけることで、周辺人物「かたつむりくん」の設定の意味について多様な解釈を引き出すことができた。日頃はあまり発言しない子も、「これは、絶対、言いたい」という感じで、真っ直ぐ挙手して発言した。一年生の子どもにとっては「チーターのイラスト」のインパクトが大きかったようである。「イラスト」を提示しながら、視覚的に「ゆさぶり発問」を投げかけることの有効性が示唆された。

「ゆさぶり発問の視覚化」では、「イラスト」だけではなく、「センテンスカード」や「写真」などの視覚的な教材も可能である。また、視覚的な教材の提示方法にも、いくつかの有効な方法があることが分かってきた。

①「ないもの」を「あるもの」として、視覚的な教材を新たに提示する。

★たとえば、先述の「お手紙」の授業において、チーターのイラストを提示したことがこれに当たる。

②「あるもの」を「ないもの」として、提示していた視覚的な教材を取り除く。

★たとえば、二年生「どうぶつ園のじゅうい」の授業において、「いつもの仕事」「時々の仕事」の事例に分類した上で、「獣医さんは、時々の仕事がないと楽だよね？」と投げかける。こうして獣医の一日の仕事を想像したり、その仕事（事例）の特性を解釈したりすることを促す。

★たとえば、五年生「見立てる」の授業において、「初め・中・終わり」における「初め」（または「終わり」）の部分のセンテンスカードを外して、「まとめが『終わり』にあるから、『初め』はなくてもいいよね？」と投げかける。こうして双括型の説明のよさに関する解釈を引き出す。

③「あるもの」を「違うもの」として、提示していた視覚的な教材を移動する。

★たとえば、三年生「すがたをかえる大豆」において、ChatGPTが考えた事例の順序を提示して、「こっちの事例の順序がいいよね？」と投げかける。こうして筆者が読者の分かりやすさなどを想像して事例の順序を考えているなどの解釈を引き出す。

このようにして、「Which 型課題」の国語授業において、「ゆさぶり発問の視覚化」を図ることで、「深い学び」をより確実に生み出すことができる。今後も、新しい授業実践の開発に努めたい。

注

（1）桂聖・N5国語授業力研究会『「Which 型課題」の国語授業』二〇一八年、東洋館出版社

（2）桂聖『国語授業のユニバーサルデザイン―全員が楽しく「できる・わかる」国語授業づくり』二〇一一年、東洋館出版社

（3）長崎伸仁・桂聖『文学の教材研究コーチング』二〇一六年、東洋館出版社

（4）筑波大学附属小学校国語研究部編、青木伸生・青山由紀・桂聖・白石範孝・二瓶弘行著『筑波発　読みの系統指導で読む力を育てる』二〇一六年、東洋館出版社

4　深い学びに誘う指導言
——根拠を問い、知識や経験を問う

佐藤　佐敏（福島大学）

1　はじめに（いささか情緒的なプロローグ）

あれは三〇年も前の話です。読み研の生みの親である大西忠治先生対野口芳宏先生の模擬授業が新潟大学教育学部講義棟で行われました。二〇〇人以上入る会場は満席でした。教材は、石川啄木の短歌「ふるさとの訛なつかし／停車場の人ごみの中に／そを聴きにゆく」。それはもう圧巻の授業対決でした。授業者お二人の深い教材解釈に基づく授業に、強い衝撃を受けたことを覚えています。その後、私は生まれて初めて教育書の全集を購入します。『大西忠治教育技術著作集』でした。

時が経ち、私は当時の大西忠治先生に近い齢となり、このような原稿を執筆する機会を頂戴したことに不思議なご縁を感じています。あの時の心の高揚を思い出し、『大西忠治教育技術著作集』を繙《ひもと》き引用することで、この長い間、会を継続している読み研の皆さまへ敬意を表しながら、本原稿を執筆いたします（以降、本論では敬称を略し、常体文で書きます）。

2　〈指導言〉という学習用語を生んだ大西の教育観

私は大学の国語科教育法の講義で〈指導言〉という用語を使用している。この用語を最初に使用したのは、大西である。大西（一九九一：六九）は「この『指導言』という言葉は、私が個人的に、自分の実践を自分で分析するために使った言葉である」と述べ、左記のように「発問、説明、指示」の総称と位置づけている。

さて、この三つの指導言の中では、どれが一番大切であるといえるであろうか。

大西は（同：四二）「授業にとって、教師の指導言として一番大切なのは『発問』ではなく『説明』である。」と主張していた。説明の重要性を大西は随所で述べており、大西の強い教育観が読み取れる。授業には歴然とした学習内容があり、それを子どもにきちんと教授することこそが授業の根幹にあるという教育観である。大正自由教育運動の流れを汲む児童中心主義の教育サイトから猛反発されることを知りながら敢えてこう言い切っているところに、大西の確固たる意思が感じられる。「教えられるべきことを教えられなかったことによる子どもの不利益とそれが引き起こす悲劇」を問題視しているのであろう。この教育観は読み研のＷｅｂサイトのＨＰに阿部昇が記載していた教育観に底流している(1)。

「今まで『国語の教え方は、国語の教師の数だけある』と言われてきました。医師によって治療法が全く違っていたら、私たちは安心して医師の治療を受けられません。しかし、国語科教育の世界では、教師によって教え方が全く違うことを今まであまり問題にしてきませんでした。……（引用者略）……読み研は、そういった状況を克服し、子どもたちすべてに深く豊かな国語の力を確実に身につけさせるための方法を、体系的にそして具体的に追究してきました。」

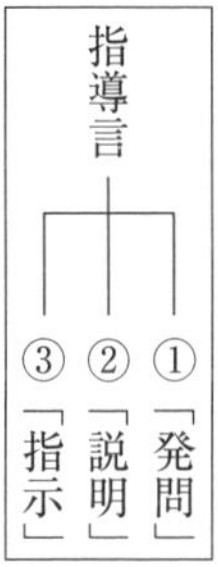

ここには、すべての子どもたちを取り残さないという強い愛情を感じずにはいられない。揺るぎない使命感である。教室の自由な〈読み〉の交流活動において、裕福な文化資本の中で育った子どもが豊かな〈読み〉を披露し、他の子どもたちがそれを享受していくという授業とは一線を画する教育観である。

3　良い〈指導言〉を生む源泉

では、良い〈指導言〉とはどういったものとなるのであろうか。

大西は〈指導言〉に関して次のような説明を加えている。三つ列挙しよう。

「私は指導言は、教材研究と、学習集団（子どもの学習の状況）とをつなぐ、教師の指導技術だと考えるし、そのように実践してきた。（同：一五七）」

「指導言、とくに助言となる指導言の決定のもう一つの要因となる生徒の状況（その学習の段階）による指導言の変化こそ、教師の力量の問われるものである。（同：一七九）」

「結局、指導言の本質は、教師が教材研究をやり、そこで、つかみ、そこで判断したものを、生徒にどのように理解しやすいように提示（示す）するかということなのである。（同：一九二―一九三）」

学力観が資質・能力の向上に変化した昨今において は、少し教師主導の教育姿勢に受け止められそうであるが、教師の教材研究が根本にあり、子どもの状況に応じて適切に〈指導言〉を使い分けられるのが教師の力量であるということは、誰も否定しまい。これは本著の特集テーマそのものであり、読み研創始者大西の意思は脈々と受け継がれていることが窺える。

私は年間三〇回以上、小・中学校の授業を拝見するが、子どもたちに深い学びを保障する授業には共通点があると判断している。それは、多面的な教材研究を行ったうえで授業しているということであり、その教材研究に基づいて、子どもの実態に合わせて適切に〈指導言〉を発しているということである。念入りに教材研究していれば、子どもの発話に対して適切に意味づけすることができ、話し合いを的確に舵取りすることができる。

最近、〈問い返し〉という教育用語を頻繁に耳にする。授業の中心は子どもたちであり、授業を創るのは子どもたちである、教師はそれを支援するコーディネーターに過ぎないという教育観に根ざした用語である。授業の中心は子どもであるというのは間違いないが、この〈問い返し〉を多発する授業を参観すると、丹念な教材研究をしないまま子どもの発言の流れに任せて、「誰か今の意見、つなげてくれないかな」「誰か言い換えてくれない」と教師が〈問い返し〉ているように見えてしまう。

この〈問い返し〉で成功経験を得ると教師は、困ったら「誰かつなげて」と言えば子どもがなんとかしてくれると思い込むようになる。恐ろしいことだが、この味を覚えてしまうと、教師はさらに教材研究をしなくなる。

「授業で困ったときは、子どもに尋ねる」というのは、教師の誠実な姿勢であり、真摯な態度である。かくいう私も子どもや学生に尋ねることはある。しかし、これをスキル化し、方向性も不明確なまま「誰かつなげて」を連発していくと、授業は迷走していく。大西は現在の教育界のこの状況を苦渋の表情で眺めているに違いない。

そして、授業が這い回り、出口のないまま終えた場合、授業者は「コーディネートがうまくいきませんでした」と反省の弁を述べるのだが、これは原因を小手先のスキルの問題にすり替えた言い訳に聞こえる。スキルに問題があるのではなく、元々教材研究を丁寧にやっていなかった準備段階に根本的な要因があるからである。

「今の意見、誰かつなげて」といった曖昧な〈問い返し〉ではなく、教材研究に基づいた明確な〈ゆさぶり〉を複数用意しておきたい。意図をもった〈問い返し〉にあたる教授行為について、かつて齋藤喜博の有名な「出口」授業では、〈ゆさぶり〉という用語で説明された。これを私は〈ツッコミ〉と呼んでいる。反対意見、反論というと強い対立軸が浮かび上がり、教室の空気がギクシャクする。〈ツッコミ〉というと仲の良い者同士が同じ目的を目指して掛け合う感じがする。にこやかに明るい調子で〈ツッコミ〉を入れると授業は活性化する。

教材研究をして、さまざまな〈読み〉を想定していれば、子どもがどんな〈読み〉を発しても柔軟に対処できる。また、小手先で「どう〈問い返そう〉か」などと思考するまでもなく、自然と「どこからそう考えたの？」「でも、テクストには『……』と書いてあるよ」と、優しく笑って子どもに〈ツッコミ〉を入れたくなる。

ポイントは、教材研究の幅と深さにあるのである。

4　学びの深さは子どもが決める……

では、深い学びかどうかは教師が決めるのかというと、それは違う。深い学びかどうかを判断するのは子どもである。たとえば、子どもが、「深く実感をともなって理解したなぁ」と思えば、それは深い学びである。しかし、自力で深い学びに達する子どもは多くない。深い学びに誘うのは、教師や仲間との対話である。ここには、教師の深い教材研究に基づいたうえで発せられる〈指導言〉がある。

とすると、その〈指導言〉はどう行えばよいのであろう。まず、学習課題、発問で述べよう。

私は、「深い学びに導く学習課題のポイントは、コンフリクト（葛藤・衝突・対立）にある」と考えている。コンフリクトがあると、それが起爆剤となって学びが起動する。

大西は、教師の発問が子どもの様子に応じて言い換えられていく様相を「ゆれる発問」と呼び、問題視した。そして「『ゆれる発問』を『ゆれない』発問に替えるのはやさしい。それは、発問の形式を、○×発問に、つまり、アレかコレかの問いかけへと近づけていけばよいのである。（同：三六）」と述べている。この発問形式は多くの実践家も多用しているが、拙著『思考力を高める授業』にて、この形式が思考を活性化するメカニズムを詳説しているので、興味のある方は一読願いたい。ここで一言だけ述べると、認知的不均衡が起きたとき、通常人間はそれを放置しておられない衝動を抑えることができない。解決を図りたいと願うのは人間の性である。であれば、その認知的不均衡の状況を積極的に作り出すことは授業方法論として間違いではないであろう。

5 認知的不均衡を起こす学習課題例

私がこれまでさまざまな場で公表してきた、定番としているコンフリクトの例を列挙しよう。

○「お手紙」（A・ローベル）
「主人公はがまくん？かえるくん？」
→〈バティフィルム〉という人物設定に気づく

○「モチモチの木」（齋藤隆介）
「豆太は弱虫のままだね？勇気あるの？」
→両面性という人間理解につながる
「じいさまは仮病つかったんじゃない？」
→〈メンター〉というアーキタイプを知る

○「ごんぎつね」（新美南吉）
「ごんと兵十はわかりあえたと言っていいの？」
→視点人物に同化するという〈読み〉を確認するとともに、作品の悲劇性を再認識できる
「兵十がこのあとにしたことは？」
→「ごんぎつね」はごんが死んだところから始まる。冒頭の語りにつながることに気づく

○「注文の多い料理店」（宮澤賢治）
「やまねこのたくらみは成功したの？」
→登場人物の可塑された表情の意味に気づき、作品全体を一貫する秩序が見えてくる

○「海のいのち」（立松和平）
「太一に一番影響を与えたのは、父でも与吉じいさで

もなく、母じゃない?」
↓〈胎内回帰説〉という物語典型を経て、「生を賭して生きる父なる海」が「生を育む母なる海」に転化したことに気づく
「太一がクエにもりを撃たなかったのは、『海のいのち』の大切さに気づいたからではないのでは?」
↓「海のいのち」と気づいたから撃たなかったのではなく、撃てない自分に気づいたことで「海のいのち」に気づいたという遡及的解釈に辿りつく
○「少年の日の思い出」(H・ヘッセ)
「ぼくはエーミールに謝る気はあった?」
↓語り手「ぼく」の問題意識は道徳的心情にはないということが確認できる
「集めたものが蝶でなく、切手やコインだったら?」
↓蝶の希少性や一匹一匹に対する親密性といった「蝶」の象徴性に気づくことができる
「最後、箱ごと焼いたほうがよかったんじゃない?」
↓少年の日の熱情やイノセントとの決別といった作品を一貫する秩序がみえてくる
○「走れメロス」(太宰治)
「メロスは正義の男と言える?」

「ディオニスは本当に改心したの?」

↓いずれも人物像を多面的に解釈できる
「物語として、この障害の順番は、これでいいの?」

↓自然的(物理的)障害から社会的(人的)障害へ、そして内的(心理的)障害へ配置されているが、これは、一番克服の難しい障害が内的障害だという人間の真実を示していて、それはパニック映画の物語典型であるということに気づく
○『平家物語』「扇の的」から
「扇を射る前に与一は射切る自信はあった?」

↓風や海の描写と与一の心情がシンクロしていることがわかる
○『竹取物語』「昇天の場面」
「この作品では、月の世界のほうが地球よりも美しく描かれているよね?」

↓美しい世界とはどういった世界なのかという哲学的かつ審美的世界観の思索に誘う

ここに挙げた課題は、私が中学校教員時代に行ってきた授業でも、大学教員として大学生で模擬授業した

場面でも、さまざまな意見が飛び交い楽しく追究できたものばかりである。紙幅の関係で割愛しているが、これらの課題は、適切な〈ツッコミ〉を挟むことで、いずれも子どもたちを深い〈読み〉に導くことができる。後述の文献で説明しているので、興味があれば実際の授業で試していただきたい。

6　根拠と理由を問い続けることが深い学びへ誘う

さて、ではこれらの課題から深い学びに誘う助言や指示、説明といった〈指導言〉のポイントはどこにあるのであろうか。

一つ目のポイントは、「根拠はどこ?」「テクストのどこからそう考えたの?」という〈ツッコミ〉を入れることにある。たとえば、「扇の的」で「黒革をどしの鎧を着た男を射よと命じられて与一は嫌だったのだろうか」という課題に対して、「嫌だった」という意見をもった子どもがいたとしよう。この子どもに、「証拠はどこ?」と尋ねるとよい。彼らは答えに窮するにちがいない。テクストに根拠がないからである。一方、「嫌ではなかった」という意見を述べる子どもは「扇を射るときは『かぶら矢』を使ったけど、今度は『中差』を使っている。これは戦闘用の矢だから与一にははっきりした殺意があったといえる。」と根拠と理由をセットで述べることができる。このようにテクスト内の根拠に基づいて語られる解釈には説得力がある。このことを理解すると子どもたちは自分の解釈に説得力をもたせるために、最も蓋然性の高い根拠をテクストから探すようになる。

さて、それでは那須与一は、自分の射切った扇の腕前を賞賛して舞を舞ってくれた人を殺めるほど、冷酷無情な男だったのであろうか。与一を英雄視したい子どもには、にわかには首肯できない心のざわつきが残るであろう。この葛藤状況を平定することはできないだろうか。

これは、「平家には貴族の名残があり、遊び心を捨てきれないみやびさをもっていた。一方、源氏は関東の田舎武者で、みやびな世界など知らない完全なる武士だった。だから、与一は冷徹なのではなく、新しい時代に台頭する武士気質一〇〇%だっただけなのだ」と理由づけできる。そして、このような解釈が交流されると、それは『平家物語』に底流する思想の一つに邂逅する。

このような解釈が子どもから発せられない場合は、

「平安時代から鎌倉時代になるってどういうことだったのかな」「平家と源氏ってどんな違いがあるのかな」といった補助線を与えて、「ちょっと隣近所で確認してみよう」と指示するとよい。

この補助線は、既有知識を呼び起こすための助言にあたる〈指導言〉であるが、これが二つ目のポイントである。テクストを解釈するときに役に立つ知識を自分がもっていないか振り返らせることである。与一の例では、歴史の授業で得た断片的な知識とリンクさせた。

「証拠はどこ?」という〈指導言〉がテクストとの対話を促すとすれば、「ここで活用できる知識はない?」「埋もれてる経験はない?」という〈指導言〉は自分との対話を促す。前者が、解釈を深めるためにテクストの根拠を探す〈指導言〉であり、後者が、知識や経験を掘り起こし理由を探す〈指導言〉である。根拠を確認したり、埋もれている知識や経験を掘り起こして理由を確かめたりする〈指導言〉は、〈読み〉を深めるが、いずれ教師がこのような〈指導言〉を発しなくとも、子ども自らがそれを自らに問うことを身体化していくようになるのが望ましい。大西(同:二五九)が「教師の発問は生徒の自問にならねば教育としては完成しない。」と述べているとおりである。最終的には、自立した読み手を育てることが国語の〈読み〉の授業の目標である。

子どもたちが、日々の授業で認知的不均衡を解消することを楽しみ、仲間の意見に耳を傾け、取り入れ、自分の〈読み〉をアップデートしていくことの喜びを実感していくことができれば、それは可能となるであろう。

注

(1) すでにHPは更新されており、現在は引用部の確認はできない。引用の責任は引用者にある。

引用・参考文献

大西忠治『大西忠治教育技術著作集一〇 指導言(発問・助言・説明・指示)の理論』一九九一年、明治図書
佐藤佐敏『思考力を高める授業—作品を解釈するメカニズム』二〇一三年、三省堂
佐藤佐敏『国語科授業を変えるアクティブ・リーディング—〈読みの方略〉の獲得と〈物語の法則〉の発見』二〇一七年、明治図書
佐藤佐敏『国語科の学びを深めるアクティブ・リーディング—〈読みの方略〉の獲得と〈物語の法則〉の発見Ⅱ』二〇二一年、明治図書

5　学びの深みへと誘う教師の指導言
――授業が学びへの導入となるために

石井　英真（京都大学）

1　材を介したコミュニケーション過程としての授業

授業の過程は、現象として見る限りは、教師と子ども、子どもと子どもの間のコミュニケーションの過程である。そして、この過程をリードしたり組織したりする上で重要な役割を担っているのが、教師の話し言葉（指導言）である。この小論では、学びの深みへと誘う教師の指導言の在り方について述べたい。最初に、授業づくりの軸を確認しておきたい。授業という営みは、教師と子ども、子どもと子どもの一般的なコミュニケーションではなく、材を介した教師と子どもたちとのコミュニケーションである。学習者中心か教師中心か、教師が教えるか教えることを控えて学習者に任せるかといった二項対立の議論は、この授業という営みの本質的特徴を見落としている。授業という営みの本質的特徴をふまえるなら、子どもたちがまなざしを共有しつつ「材（教材や主題や学習材）」と深く対話し、教科の世界に没入していく学び（その瞬間自ずと教師は子どもたちの視野や意識から消えたような状況になっている）が実現できているかを第一に吟味すべきである。教師主導は教師を忖度する授業に、学習者主体は材に向き合わない授業になりがちである。教師主導でも学習者主体でも、子どもを引き込み、成長を保障する授業は、材を介して教師と子ども、子ども同士が向かい合い、ともに材に挑む三角形の「共同注視」の関係性（カウンターに横並びのような関係性）になっているものである。学びを子どもに委ねたり手放したりすることの難しさがしばしば指摘されるが、教師と子どもの二項関係で考えるから難しく感じられるのではなかろうか。三項関係で考え、子どもが材に向かっているかという視点を持つことで、委ねることへの不安も軽減するだろうし、学びが深まる道筋も見通しやすくなる。

材を介した共同注視関係は、以下のようなメカニズムで学びを深化させていく。年度始まりや授業の入り口において、教師は材の魅力に誘うべく手立てを講じるし、比較的垂直的なナナメ関係であることが多いが、学びが深まり、対象への関与が深まってくると、対象や問いにともに向き合い教室での学びにともに責任を持つ、より水平的なナナメ関係（「共同責任」関係）に移行していく。授業をしていて、子どもの意見や発言に、「おもしろいな」「なるほど、そう考えるか」と感心したりすることも時折あると思うが、その瞬間、子どもたちは教師を静かに学び超えている。教師の仕事は、その教科のうまみを得られる材を、できるだけ本物のナマのそれを考え抜き（教材研究）、材と子どもたちとのいい出会いを組織し（導入）、子どもとともに横並びでその材と対話し、時にはナナメの関係に立ちながら、うまみを感じられる入り口をさりげなく指さし続けることである（発問とゆさぶりによる展開の組織化）。さらに、「まだやめたくない」「じゃあ○○はどうなっているのかな」「大人たちがいろいろ言っていた○○ってそういうことだったのか」「これって授業で習ったことと関係あるんじゃないか」といった具合に、授業の先に、子どもたちが、授業外、学校外の生活で引っかかりを覚え、立ち止まり、学びや追究を始めるような、生活場面や生きることを豊かにしていくような、そんな子どもたちの姿を願い目指し続けることであろう（学ぶことへの導入としての授業）。

2　指導言への意識を高める

授業過程で用いられている教師の言葉をその目的に応じて分類してみると、説明、発問、指示、助言などに分けることができる。これらの指導言は、教師の側から働きかける「攻めの指導言」と、子どもたちの反応に対応してなされる「受けの指導言」に分けることができる（大西、一九八八、堀、二〇一二）。まず、説明、発問、指示は主に「攻めの指導言」を組み立てる際に念頭に置くものである。「攻めの指導言」はあらかじめ計画しておくことができやすい指導言であり、指導案を構想する際に、一言一句丁寧に言葉を吟味し練り上げることで、技術的に上達していくものである。発問は思考に働きかけ、指示は行動に働きかけ、説明は両方に関わる。発問は、精神が内的にアクティブに動くこと（thinking）に、指示は、身体が外的にアクティブに動くこと（acting）に関わるわけである。これに対して、説明は、学習者のものの見方や頭の中の認識（knowing）に直接的に働きかけようとするもので、学習の対象や状況のイメージ、および動き方の見通しを明確にすることなどを通じて、思考と行動に間接的に関わる。

授業でどの指導言をメインにするかは、教師の授業スタイルや技量や子どもたちの状況などによって変わる。大学や高校の教師が説明型の授業を好み、中学校、小学校教師が発問型の授業をする傾向にあり、小学校低学年では指示を多く使いがちである。近年の学習者主体の授業についても、課題と活動手順を示して子どもを動かし、授業を機械的に進行するだけの、命令的ではないが活動主義的な指示型授業になる危険性が見えてくるだろう。指導言の類型を念頭に置きながら、自分の指導言の傾向を自覚し、多様な指導言を的確に組み合わせ使いこなしていくことが重要なのである。

説明、発問、指示に対して、助言は「受けの指導言」としての性格が強い。助言は、もちろん事前に子どもの反応を想像しながら、計画段階で想定問答等を作っておいたりすることで磨かれていくものだが、瞬発力的な対応が求められ、教師の教材研究の深さや人間性に規定される部分も大きい。たとえば、詩「春」（安西冬衛）を読んでいる際に子どもが発した問いについて、「韃靼海峡ってどこを通っているの？」という問いについては、事実に関わる正解のある質問なので、「秘密です」と、教師が正解を知っていることを暗示しても問題はない。それに対して、「渡っていって、どこにいったんですか？」という問いは、この教材の本質に関わり、正解があるわけではなく、むしろ多様な解釈を出し合いたい部分であるため、「ねえ」とあいまいに返すなどする（向山、一九八五）。もし同じように「秘密です」と正解があることを想定した返しをしてしまったら、子どもたちはそれを探るようになり、自分の素直な解釈を述べることを躊躇するようになるだろう。子どもたちの考えを瞬時に理解し、学びを促進する的確な言葉をかけたり、考えを位置づけたりするには、一般的な切り返しのうまさのような話術的側面のみならず、教材研究や授業の構想検討を通して、教材の本質を理解し、そこに至る多様な思考の道筋を想定しておくこと、いわばより緻密な学びの地図を構成することが重要なのである。

3　発問とは何か

思考を促し学びを深める上では、発問が重要な位置を占める。発問とは、広義には、教師から子どもに問いかけること、及びその問いのことを言う。発問には、大きく分けて二つの機能がある。一つは、医師による「問診」のように、子どもの状態を知るために問う場合である。授業の導入段階で、「割合って言葉を聞いたことある？」「地層はどこでできるんだったっけ？」などと問い、子どもたちがどの程度の予備知識を持っているかを診断するわけである。「何」「いつ」「どこ」「だれ」のように、知っているかどうかで答えられる一問一答的な問いが中心となるだろう。もう一つは、教科内容に即して子どもの思考を促し、教師が教えたいものを発見させたりするために問う場合である。発問という言葉は、狭義には、この機能を果たす問いに対して用いられる。「なぜ」「どのように」のように、子どもの解釈や意見を問うもので、答えが分かれる問いであり、考えの対立・分化から対話や集団思考につなげていくわけである。

いずれにしても、発問は、わかっている人（教師）がわかっていない人（子どもたち）に問う点に特徴がある。これは、日常会話における質問、すなわち、基本的にわからない人からわかっているだろう人に対して投げかけられる問いとは対照的である。このような作為性ゆえに、発問を行う際には、何のために問うのか（教育的意図）を明確に自覚しておく必要がある。たとえば、その発問によって、どのような思考や認識を促そうとしているのか、あるいは、何を知りたいのかをはっきりさせておかねばならない。そうして、教育的意図をもって考え抜いた問いであることで、発問は子どもたちの思考を触発し、学びを深めるものとなりうる。

また、発問を行う際には、子どもたちの応答をあらかじめ予想しておくことも重要である。たとえば、「三日月」（松谷みよ子作）という詩の一節（「くらい森をみはりながら／ふくろうは　かんがえる／生まれてくる子には／

赤い三日月をとってやろう／…〈以下省略〉…」）について、「暗い森を見張りながらフクロウは何を見ているの。」という発問を考えたとする。これに対する子どもたちの考えは、①「獲物を探している」②「敵が来ないかと見張っている」③「生まれてくる子どものことを考えている」に分かれるだろう。もし③の意見が出たら、「いや、獲物を探していたんじゃないか」と問い返してみよう、といった具合である（吉本、一九八五）。ここからもわかるように、発問は、一つの問いで完結するものではなく、子どもの応答への切り返しとして、系列的に投げかけられることで、授業の「展開」を生み出すのである。

なお、実際の授業の中で発問は、特に、一番教えたいものに子どもたちを向かわせる授業の核となる。それは、説明→発問→指示の順で他の指導言とセットで用いられることが多い。たとえば、「守りはかたい。城塞という感じだね。これを攻撃して革命が始まった。だから授業もこのバスチーユ監獄の襲撃から始めよう。（説明）この絵をよく見てください。へんだなあとか、これは何だ？と思うことない？（発問）疑問点なんかあったら出してください。（指示）」といった具合である。説明は、学びの対象と条件を明確化し、発問は教材と子どもの学びとをつなぎ、実際に子どもが動き出すに当たって子どもの行動を直接指し示す指示が力を発揮するわけである。

4　学習者の思考を組織化する触発と対応の技法

ここで、思考を促し深める発問と応答を組織化していくポイントをまとめておこう。発問は、対立する意見や多様な考え方を、子どもたちから引き出すものでなければならない。たとえば、「この物語の主人公の名前は何ですか」「三角形の内角の和は何度ですか」など、一つのわかりきった答えを問うようなものでは、子どもの思考は触発されない。これに対し、たとえば、「ボーリングの球は水に浮くだろうか」といった、日頃考えもしないけど言われてみたらどうなんだろうと子どもたちに疑問を抱かせるような問いは、学級内に意見の対立を生じさせ、予想の根拠をめぐっての議論を誘発するだろう。

しかし、子どもからの多様な意見を引き出すといっても、「アサガオの種はどうやったら芽が出るでしょう。」というような、無限定で何を答えればよいかわからない問いであってはならない。課題が明確かつ具体的に提示されてこそ思考は触発される。先述の発芽条件に関する発問も、「このアサガオの種を机の上にまいたら芽が出るかな。」などと問うことで、「机の上」と「土の中」という二つの場面の比較として、具体的に考えられるようになる。同様に、文学作品における登場人物の心情の読み取りも、「○○はどんな気持ちでしょうか。」と直接的に問うより、「○○は今どこにいますか。」「○○は何を見ていますか。」などと、その人物の置かれた具体的状況を問い、そこから自然と人物の心情を推察させる方が、読みも深まるだろう。

また、子どもにとっての自明の前提や正答だと思っていることに疑問を投げかける発問（「ゆさぶり発問」）は、それによって生じる矛盾・葛藤を乗り越えさせることで、子どもの思考を弁証法的に深化させる。たとえば、子どもたちの意見が一つにまとまろうとしている時に、あえて考えうる反対意見を主張する。あるいは、教師が、子どもの中の少数意見の肩を持ったり、つまずいている子どもの理屈を擁護したりすること（つまずきを生かす授業）も日本の教師たちはしばしば行ってきた。

発問は、材のうま味を味わうための入り口や見どころを指さすことで、あくまで子どもの思考を触発する方法であり、子どもたちの思考の深まりを直接的に指導するものではない。発問を投げかけられた後、材と向き合いつつ、自己や他者と対話する中で、子どもの思考は深まっていく。その際も教師は、次のような臨機応変な対応によって子どもたちの学びを支える。たとえば、授業を進めることに注力しがちなのを中断して、「待ち」の姿勢で、子どもたちの声なき声にも耳を傾け、子ども同士の思考をつないでゆく。子どもの声をまずはそのまま繰り返す（リボイス）、ある子どもの意見が他の子どもにとって理解しにくい時には、「どうしてそう思ったの」などと本人に問いかけたり、「○○ということだね」と代弁したり、「○○ちゃんの言いたいことはこういうことじゃないかと説明できる人はいますか」と問いかけて、他のクラスメートにその子の発言の意味を説明してもらったりする。一部の子どもたちの発言だけで授業が進んで他の子どもたちが置いてきぼりになっていると感じたら、重要な問いで立ち止まったり戻ったりしながら、個人やペアやグループに戻して考えさせてみる。あるいは、追究の中で論点がぼやけてきた場合には、それを明確化して考えるべき問いを限定し再設定する。このように、発問という教師の積極的介入は、子ども同士の意見交流や討論を組織する対応力と結びつくことで、教室に深い学びをもたらすのである。

5　子どもと対峙する関係から子どもと伴走する関係へ

近年、学習者主体の授業や「学び合い」等の重要性が指摘される中で、クラス全体での話し合いが、子どもたちから出てきた多様な意見の交流に留まることも少なくない。子どもの思考を広げたり深めたりする上で、日本の教師たちが追究してきた練り上げ型の授業のエッセンス、特に先述の「ゆさぶり」という発想を継承していくことが重要だろう。それぞれのやり方でひし形の面積を求めて満足している子どもたちに対し、「今日はここでは終わらないよ、共通するところはないかな」と問い、多様な解き方も、全部、対角線の長さが入っていることに気づかせ、公式へと一般化していく。「やまなし」の読み取りで、一二月のイメージとして「安心」という言葉を出して満足している子どもたちに対し、「カワセミの恐怖はほんとうになくなったのかな」と問いかけて、危険がなくなった環境の変化だけではない、カニの兄弟の成長という側面にも目を向けさせていく。こうして、子どもたちの考えのあいまいな部分を突っ込んだり、材を見ていながら見落としている部分への指さしを行い、いい意味での意地悪心をもって、教育的な挑発を行うことも大事である。

ただし、発問で触発しゆさぶることは、その作為性ゆえに、教師主導で思考の流れを作って目標に追い込んでいく授業になる危険性もあるし、子ども自らが問いを生成し問い続けていくことを邪魔してしまうかもしれない。教師が導くのみならず、ともに材（対象）と向き合う共同注視関係を基盤に、一人の学び手として子どもと一緒に考えようという伴走者的なスタンスで問いかけ、子どもに寄り添うことも大切である。たとえば、けんかした子に素直に謝れずに困っている子がいたら、悩んでいるその子だけを見るのではなく、謝る対象の子どもの気持ちや状況等を、悩んでいるその子とともに考えて一緒に悩む。そして、「なぜ、そうしたの？」と問い詰めたり、要はこうすべきというのを引き出すように問うよりも、「そんな状態の時をB君はどんなふうに受け止めているのだろうね?」と伴走者的スタンスで問うことで、「これでいいんだろうか?」「自分がすべきことは何だろうか?」といった気づきを促す問いかけとなるだろう。先述のゆさぶり発問も、カニの兄弟の成長に気づかせたいという、教え手としての意図性や見通しを持ちつつも、他方で、改めて、テキストの読みとして本当のところどうなのだろう、他に読み落としている記述はないだろうかと、教師自身が学び手の立場で、子どもたちとともにテキストに向かい合うことで、子どもたちの理解や思考の隙も見えてきて、自然な形で思考をゆさぶることができるだろう。さらに、子どもたちはそうした学び手としての教師の姿に感化され、テキストへの向き合い方や問い方をつかみ、そこから教師にとっても未知を含んだ「本物の問い」の追究が生まれるのである。

指導言の的確さは教師の子ども理解、すなわち子どもが「見える」ことに規定される。それは、子どもの眼差しの先に見えている風景が見えるということであり、子どもが材や問題などとどんな思いをもって、どう向き合っているのかが共感的に見えるということである。学習でつまずいている子どもについては、その子は問題のどこが難しいと思っていて、その子なりにどう問題を捉えていて、どう考えようとしているから難しくなっているのかといった具合に、同じ問題をともに見ながらさりげなく伴走し、困難を克服した喜びをともに共有する。こうした共同注視関係の先に、子どもの学びと成長は促進され、子どもと教師との間に心の通った信頼関係も積み上がっていく。また、同じ問いや課題や対象について共に考えることで、子どもなりの見方や考え方から教えられることもあるだろうし、子どもの可能性や学ぶということの本質などについて改めて気づくこともあるだろう。

引用・参考文献

石井英真『授業づくりの深め方』二〇二〇年、ミネルヴァ書房
大西忠治『発問上達法』一九八八年、民衆社
堀裕嗣『一斉授業10の原理100の原則』二〇一二年、学事出版
向山洋一『教育技術法則化ビデオシリーズ　春:向山洋一の小学校三年生国語の授業』一九八五年、安井電子出版
吉本均『授業成立入門―教室にドラマを!』一九八五年、明治図書

V　国語授業で「深い学び」を生み出すための指導言と授業づくりの6冊―読書案内

『13歳からのアート思考』（末永幸歩 著）

山元　隆春（広島大学）

本書は二〇世紀の六つのアート作品を取り上げながら、「正解を見つける力」に換えて「答えをつくる力」をもつための「アート思考」を提案している。とくにアート鑑賞における「背景とのやりとり」と「作品とのやりとり」という二種類の鑑賞法のうち「作品とのやりとり」を促す方法について述べられている部分は読むことの「深い学び」を生み出すヒントになる。

たとえば、「アート作品の『見方』とは?」と題された章で、ワシリー・カンディンスキーの《コンポジションⅦ》という作品について、著者はまず「この絵には『なに』が描かれているでしょうか?」と問いかける（一四一頁）。いわゆる抽象画（具象物を描かない絵）である。この絵に「うるさい感じがする」という主観的な「意見」を述べることを「アウトプット」と呼ぶ。が、そこで終わると「もったいない」と著者は言う。どうすればいいか。次のようなシンプルな二つの「問いかけ」をすることが提案されている。

①「どこからそう思う?」
②「そこからどう思う?」

①は「主観的に感じた『意見』の根拠となる『事実』を問う」ものであり、②は「作品内の『事実』から主観的に感じた『意見』を問う」ものである。作品に対する「アウトプット」について、この二つの「問いかけ」をしながら進められたやりとりを筆者は「アウトプット鑑賞」と呼ぶ。この「アウトプット鑑賞」はどこがいいのか。

《コンポジションⅦ》という具象物を描かない絵（抽象画）にいろいろなものを見ることができる。主観的な「意見」の根拠となる「事実」を考えることと、その「事実」から主観的に感じた「意見」をもつことができる。鑑賞者の内部に、その鑑賞者にとっての作品ができあがるからだ（中学生と著者が行った「アウトプット鑑賞」の実際は本書一四六頁以下に記されている）。

文学作品や説明的文章を読む授業でも、意味を求めて読み、筋や「手がかり」を確認しながら、類推や推論をしていく上で「アウトプット鑑賞」の手続きは有益だと思われる。それが、読者が自分の理解を省察しながら「作品とやりとり」し、解釈をつくり上げる手続きでもあるからだ。『自分の答え』を取り戻す『アート思考』（三一〇頁）は、読むことの「深い学び」を誘うためにも必要不可欠な思考である。

（ダイヤモンド社、二〇二〇年、税込一九八〇円）

『増補改訂版　国語力をつける物語・小説の「読み」の授業―「言葉による見方・考え方」を鍛えるあたらしい授業の提案』（阿部昇 著）

鶴田　清司（都留文科大学名誉教授）

阿部昇氏は、かねてから国語科とりわけ「読むこと」の教科内容が不明確であり、子どもたちに読む力をつけることができなかったという問題意識に基づいて、教科内容としての「読み方」を解明しようとしてきた。本書にはその成果が示されている。また、「深い学び」を生み出す（すなわち読みを深める）ための発問づくりにも大いに役立つものとなっている。

阿部氏は、物語・小説の読みの指導過程に基づいて、「構成・構造を読む方法」「形象・技法を読む方法」「吟味・評価をする方法」を具体的に示している。第一部では、それぞれの方法がいかなるものなのか、教科書教材を例にあげながら詳しく説明している。第二部では、定番教材である「モチモチの木」（斎藤隆介）と「ごんぎつね」（新美南吉）と「走れメロス」（太宰治）を取り上げて、読み方のポイントを示している。いずれも教科内容（物語・小説の読み方に関する知識・技能）を明確化して読解力を高めることに加えて、それを通して読みを深めることができるようになっている。

例えば、「形象」を読み深める方法としてあげられている「整合性のある表現・内容に替え、その差異に着目して読む」「別の表現に替え、その差異に着目して読む」「表現・内容を欠落させ、その差異に着目して読む」「肯定・否定の両義性に着目して読む」「立場・視点を替え、その差異に着目して読む」という方法はそのまま発問づくりに直結している。

阿部氏が例示している、「ちいちゃんのかげおくり」（あまんきみこ）のクライマックスの「小さな女の子の命が、空にきえました」の「女の子」を「ちいちゃん」に替えるとどう違ってくるかという学習課題（発問）も物語を読み深める上で非常に有効である。固有名詞から一般名詞になることで、より客観的な視点から、幼い少女の命も奪う戦争の不条理さ、地域・時代を超えた戦争の本質が強調されている。

今日、言語活動の充実やアクティブ・ラーニングが叫ばれる中、文学の授業が豊かな読みを保障しないまま、「〜をつくろう」といった活動主義に陥ってしまうケースが見られる。本書は、「読みの力をつける」という国語科本来の趣旨に立った授業づくり（発問づくり）に役立つ好著である。多くの方々に一読をお勧めしたい。

（明治図書、二〇二〇年、税込二八六〇円）

『あたらしい国語科指導法　七訂版』（柴田義松・阿部昇・鶴田清司 編著）

足立　幸子（新潟大学）

本書は、学文社から出版された国語科教育法のテキストである。筆者は、これまでの指導論を批判的に検討し新しい授業づくりが行えるところが気に入って、二〇年ほど前の初版から本書を大学の講義に使用している。

そして本書は「七訂版」である。筆者は、国語科教育法のテキストでこれほど版を重ねたものを、他に見たことがない。それなのにちっとも内容が古くならない。その理由として、初版当初から新しい授業を積極的に取りこんできたこと、一方で国語科授業の本質をついた内容になっていること、さらには二〜三年ごとの頻繁な改訂を、丁寧に行っていることが挙げられる。大抵のテキストは学習指導要領に基づいて作られる。したがって、コロナ禍前に執筆された内容である。しかし、本書は頻繁な改訂のおかげで、コロナ禍の状況をふまえたものになっている。

以下、簡単に章構成を紹介する。

第一章は「国語科教育の目的」である。「ことばを学ぶこと・ことばを教えること」の本来的な意味から、戦後の学習指導要領の変遷や現代的な動向をふまえ、現在どのように国語科教育の目的を考えるかが示されている。

第二章は、「国語科教育の内容と方法」である。音声言語、文学作品、説明的文章、作文、言葉の特徴や使い方・情報の扱い方、古典、読書指導・読み聞かせなどである。

第三章は、「国語科の教材づくりと教材研究」である。教材研究の考え方や方法が示されている。

第四章は、「国語科の学習指導論」である。授業設計や指導技術などが扱われている。特に「指導言」についてしっかりと論じられている。

第五章は、「新しい国語科の授業実践」である。本書は初版から次々と新しい授業実践を視野に入れてきた。筆者がテキストとして本書を使っているのも、学生にこれらの新しい授業に早い段階から挑戦してほしいからである。「読書へのアニマシオン」や「メディアリテラシー」「ディベートの授業」「パブリックコミュニケーションゲーム」「PISA『読解力』」などがあり、七訂版では「ICTを生かした国語の授業」が加えられた。

第六章は、「国語科教育の研究方法」である。国語科教師の力量形成がここで扱われている。さらに、研究方法入門と基本文献の紹介がある。

（学文社、二〇二三年、税込二四二〇円）

『小学校国語　NGから学び直す発問』（幸坂健太郎・宮本浩治 著）

間瀬　茂夫（広島大学）

「発問中心の授業からの脱却が必要」とされる一方で、「発問が授業における子どもの思考の質を規定する」とも言われる。両極とも思われる発問に対する二つの見解であるが、ここでの「発問」は同じものを指すのであろうか。

　前者の「発問」には、一問一答式の授業が想定されている。教師の問いと学習者の答えが繰り返され、徐々に「正解」へと導かれる一連のプロセスである。後者が想定するのは、学習者が自律的な思考を行うことを導く問い、いわば学習課題としての発問である。同じ「発問」ということばで表され、教師によって疑問文の形で発せられる発話のことであっても、両者はずいぶん子どもの学びに対する役割が異なる。

　本書は、ついつい前者のようになってしまう問いを「NG発問」とし、どのようにしたら「OK発問」に変換できるかについて、具体的な教材の学習場面に沿って解き明かす本なのだが、一問一答式の発問を一概に否定しないところに、二人の著者のしなやかな授業観が見てとれる。その理由は「子どもたちはわかっていることを確認していくことができるだけではなく、反対に『わからない』ことを明確化していく」（五九頁）とされている。

　本書は、「発問ことはじめ」として、発問＝疑問文と明確に定義したうえで、問いであることの効果と意味、発問と質問・指示・説明との違いといった基本的なことから丁寧に説く。そしてNG発問がなぜよくないのか、どのように言い換えたらOKになるのかを具体的に論じている。

例「このとき、ごんはどんな気持ち?」
→「第五場面で『つまらない』と思っていたのに、なぜごんは『明くる日も』『くりを持って』いったのかな?」

　ときには「実は……NGではありません!」とする次のような場合もある。「なんでかえるくんは、足の遅いかたつむりくんに手紙をあずけたのかな?」その理由は、明確な答えが出ない問いではあるが、それは「文章の内容と自分の体験とを結び付けて、感想を持つ」という授業の目標に沿ったものであるからとされる。これは著者らの発問論における「発問は、目標を土台としてその上に位置付くもの」という大前提にもとづくものである。

　第4章では「どう答えを受け止めるか」も論じられていて、深い学びを生みだす授業を学ぶ本としてふさわしい。

（明治図書、二〇二三年、税込一九八〇円）

V　国語授業で「深い学び」を生み出すための指導言と授業づくりの6冊―読書案内

『テクスト分析入門―小説を分析的に読むための実践ガイド』（松本和也 編）

中野　登志美（宮崎大学）

学習者の興味・関心、能力、発達段階等を考慮しながら、価値があると認められている作品（主に教科書教材）を分析したり、新たな教材を開発したりする教材研究は、国語科で授業を構想する際に必須となる。はじめは読者の立場から、教材の特性や価値を把握することが教材研究の立脚点になる。一般的に文学作品の教材研究は、作品の内容に重点が置かれる傾向が強い。

しかし、小学校・中学校・高等学校の学習指導要領の「読むこと」の領域の指導事項に「構造と内容の把握」が設けられたことは看過できない。つまり、「深い学び」の実現には、作品の内容だけではなく、作品の構造にも着目して〈読み〉を構築する授業を展開することが求められる。

たとえば、読み研代表の阿部昇は、物語や小説の教材研究力を高める観点として「導入部・展開部・山場・終結部」という構造に着眼することを提唱している。本書は、阿部昇とは異なる物語論（ナラトロジー）の観点から、日本近代文学史において名作とされる夏目漱石『夢十夜』（第一夜）、森鷗外『高瀬舟』、芥川龍之介『南京の基督』、川端康成『伊豆の踊子』、岡本かの子『老妓抄』、太宰治『桜桃』の小説について「何が書かれているか」（内容・主題）の観点だけではなく、「いかに書かれているか」（形式・方法）の観点からもわかりやすく分析している。

本書はタイトルに「テクスト」と銘打っているように、「作者の意図の追体験」を目指す解釈学的な分析ではない。「読者論」の立場から〈客観的なものさし〉で小説の仕掛け・工夫・方法・構造などを分析し、読みが異なる他者に対して説明を可能にする様々な切り口を提示している。とりわけ「語り手」が「何を」（物語内容）・「どのように」（物語言説）・「なぜ」（物語行為）語るのかという観点から考察しているところに大きな特徴がある。「語り」という視点は、高等学校の「文学国語」の授業で押さえるべきところとして挙げられている。今後、小説を読む上で大切な視点となるであろう。これからの教材研究は、内容だけではなく、形式や構造を含めて分析する力が必須となる。多様な観点から分析する切り口が示されていることから、本書は教材研究をする際の必読書といえる。

本書は小学校や中学校の文学教材を分析する際にも参考になる一冊である。（ひつじ書房、二〇一六年、税込三二〇〇円）

『どの子も夢中で考えたくなる！対話でつくる国語授業』（加藤辰雄 著）

小林　信次（元日本福祉大学）

加藤辰雄氏は、「どの子も夢中で考えたくなる。思考をゆさぶり、学びを深める」ための対話でつくる国語の授業方法を紹介している。

加藤氏は「読み」の授業研究会の運営委員であり、小学校の現場や大学での授業を担ってきた。その中から加藤氏が確実に掴んだものに基づいて本書を執筆している。分かりやすく深い学びをみちびくための「対話」「指導言」について、丁寧に解き明かしている。

六つの章は若い教師にもベテランの教師にも読み応えがある。すぐに身につけられるように次のように組み立てられている。

・「対話でつくる授業」の基礎・基本
・「対話でつくる授業」を実現させるための授業準備
・「対話でつくる授業」の成功のポイント
・話し合い・グループ学習
・話し合い・グループ学習の指導ポイント
・「対話でつくる授業」の実践事例

それぞれの章が国語の深い読みに裏づけられている。そして、グループでの授業が軸になっている。文学（物語）と説明文の授業が紹介されているが、特に文学の中で解明されている。

たとえば主題を読ませるための発問の作り方、そのための対話・交流がしやすい学習環境の作り方が示されている。特に「対話がうまくいかない原因」まで掘り下げつつ論じられている点がすばらしい。

そして、グループ指導の順序が紹介されている。中でも、グループの作り方、司会のさせ方、話し合いのさせ方など細かい手立てが示されている。また、なかなか実践に踏み込めないという教師のために、グループをどう授業に組み込むのか、対話的な学びをつくりだす「グループ学習のポイント」等、具体的である。

実践例として、主要な作品が取り上げられている。小4の「一つの花」の授業での対話場面が紹介される。中心発問「一つだけには他にどんな意味があるかな？」やグループへの発問「ゆみこの一つだけとお父さんの一つだけどんな意味で言っているのかな？」等が示されている。

本書は、ただの技術的な紹介ではない。確かな理論的な裏づけがある。多くを学べるもので、実践に生かせることは間違いない。

（学陽書房、二〇二一年、税込二二〇〇円）

「帰り道」（森絵都）の教材研究—ここがポイント

渡邊　絵里（福岡県久留米市立三潴中学校）
熊添由紀子（福岡県八女市立見崎中学校）

「帰り道」は光村図書小6の教材として掲載されている森絵都の書き下ろし小説である[1]。

昼休みの会話がきっかけで気持ちがすれちがった「律」と「周也」は、帰り道の天気雨をきっかけに心が通じ合う。この作品は、「律」の視点から書かれたプロット「1」と、「周也」の視点から書かれたプロット「2」によって構成されている。同じストーリー（出来事）が、律・周也二人の視点から、それぞれ一人称の語りで語られる。

たとえば芥川龍之介の「藪の中」がこれと同じである。江國香織と辻仁成が書いた「冷静と情熱の間」も同じである。これまでこういった同一ストーリーを、複数の一人称視点から書いたかたちの教材は、教科書にはなかった。その意味でこの教材は新しい。

同じストーリーを複数の人物の一人称視点で述べる作品を読むことで、小説を読むとはどういうことか、小説の「プロット」とは何かということを効果的に学ぶことができる。また、作品の完成度という点でも、テーマの切れ味という点でも、優れた教材といえる。

2　「帰り道」の構造—クライマックスにこだわる

「帰り道」のストーリーは、もともと仲良しだった二人が、昼休みに仲たがいをし、その二人が、学校からの帰り道、突然降ってきた天気雨をきっかけに関係を改善させるというものである。律は、自分の思っていることをうまく言葉にして伝えられないという課題をもっている。周也は、言葉が軽く、相手の言葉をきちんと受け止めてコミュニケーションをとることが出来ないという課題をもっている。

「1」では律が周也をどう見ているかが一人称の心内語で語られる。「2」では周也が律をどう思っているかが一人称の心内語で語られる。その互いの見方の違いがこの作品の面白さの一つである。それが「天気雨」をきっかけにかなりの程度重なっていく。二人の気持ちのズレ・気まずさも「天気雨」をきっかけに解決に向かう。

この作品の二つのプロット「1」「2」ともに導入部がない。いずれもある日ある時のリアルタイムの描写から始まる。したがってこの作品の「冒頭」がイコール「発端」になっている。

クライマックスは、二つプロットがある以上、二つ存在する。ほぼ同じ場面だが、微妙なズレがある。そのズレがこの作品の魅力でもある。

「1」「2」それぞれのクライマックスに向かう山場後半は、次のようになっている。

まず「1」の山場後半である（P22L14〜P24L12・教科書頁数行数・以下同様）。

> 単純すぎる自分がはずかしくなったのは、笑いの大波が引いてからだ。うっかりはしゃいだばつの悪さをかくすように、ぼくはすっと目をふせた。アスファルトの水たまりに西日の反射がきらきら光る。そのまぶしさに背中をおされるように、今だ、と思った。今、言わなきゃ、きっと二度と言えない。
> 「ぼく、晴れが好きだけど、たまには、雨も好きだ。」
> 勇気をふりしぼったわりには、しどろもどろのたよりない声が出た。
> 「ほんとに両方、好きなんだ。」
> 周也はしばしまばたきを止めて、まじまじとぼくの顔を見つめ、それから、こっくりうなずいた。周也にしてはめずらしく言葉がない。なのに、分かってもらえた気がした。
> 「行こっか。」
> 「うん。」
> ぬれた地面にさっきよりも軽快な足音をきざんで、ぼくたちはまた歩きだした。

次に「2」の山場後半である（P29L3〜L14）。

> はっとしたのは、爆発的な笑いが去った後、律が急にひとみを険しくしてつぶやいたときだ。
> 「ぼく、晴れが好きだけど、たまには、雨も好きだ。ほんとに両方、好きなんだ。」

たしかに、そうだ。晴れがいいけど、こんな雨なら大かんげい。どっちも好きってこともある。心で賛成しながらも、ぼくはとっさにそれを言葉にできなかった。こんなときにかぎって口が動かず、できたのは、だまってうなずくだけ。なのに、なぜだか律は雨上がりみたいなえがおにもどって、ぼくにうなずき返したんだ。

「行こっか。」

「うん。」

しめった土のにおいがただようトンネルを、律と並んで再び歩きだしながら、ひょっとして――と、ぼくは思った。投げそこなった。でも、ぼくは初めて、律の言葉をちゃんと受け止められたのかもしれない。


ここで二人が一致するのは、「1」律の「なのに、分かってもらえた気がした。」であり、「2」周也の「でも、ぼくは初めて、律の言葉をちゃんと受け止められたのかもしれない。」である。だから、これらを含む箇所がクライマックスである。

ただし、ここでも二人のズレはある。律は自分の言葉を「しどろもどろのたよりない声」と感じているが、周也には「律が急にひとみを険しくしてつぶやいた」と見えている。律は「周也はしばしまばたきを止めて、まじまじとぼくの顔を見つめ、それから、こっくりうなずいた。」と見ているのに対し、周也自身は「心で賛成しながらも、ぼくはとっさにそれを言葉にできなかった。」と思っている。そういったズレを残しながらも、律「分かってもらえた気がした」、周也「初めて」「受けとめられた」という一致がある。

「1」のクライマックスは、次である（引用部七行目）。


「ぼく、晴れが好きだけど、たまには、雨も好きだ。」

勇気をふりしぼったわりには、しどろもどろのたよりない声が出た。

「ほんとに両方、好きなんだ。」

周也はしばしまばたきを止めて、まじまじとぼくの顔を見つめ、それから、こっくりうなずいた。周也にしてはめずらしく言葉がない。なのに、分かってもらえた気がした。


以前の律は「思っていることが、なんで言えないんだろう。」とコンプレックスともいえる課題に悩んでいた。しかし、ここで自分の思いを伝えることができたと思う。律の大きな変容であり、周也との新たなつながりである。

「2」のクライマックスは、次である（引用部一四行目）。

> しめった土のにおいがただようトンネルを、律と並んで再び歩きだしながら、ひょっとして——と、ぼくは思った。投げそこなった。でも、ぼくは初めて、律の言葉をちゃんと受け止められたのかもしれない。

周也は自分の言葉の軽さや「相手の言葉を受け止められないことに悩んでいる。天気雨をきっかけに思いがけなく律と真剣に対峙することになった周也は、律の言葉に対してうなずくだけしかできなかったものの、その後、「初めて、律の言葉をちゃんと受け止められたのかもしれない」と自分の変容に気づく。律との新たなつながりも生まれている。

「帰り道」の二つの構造は左（上・下段）のとおりである。

「1」律の語りのプロット構造

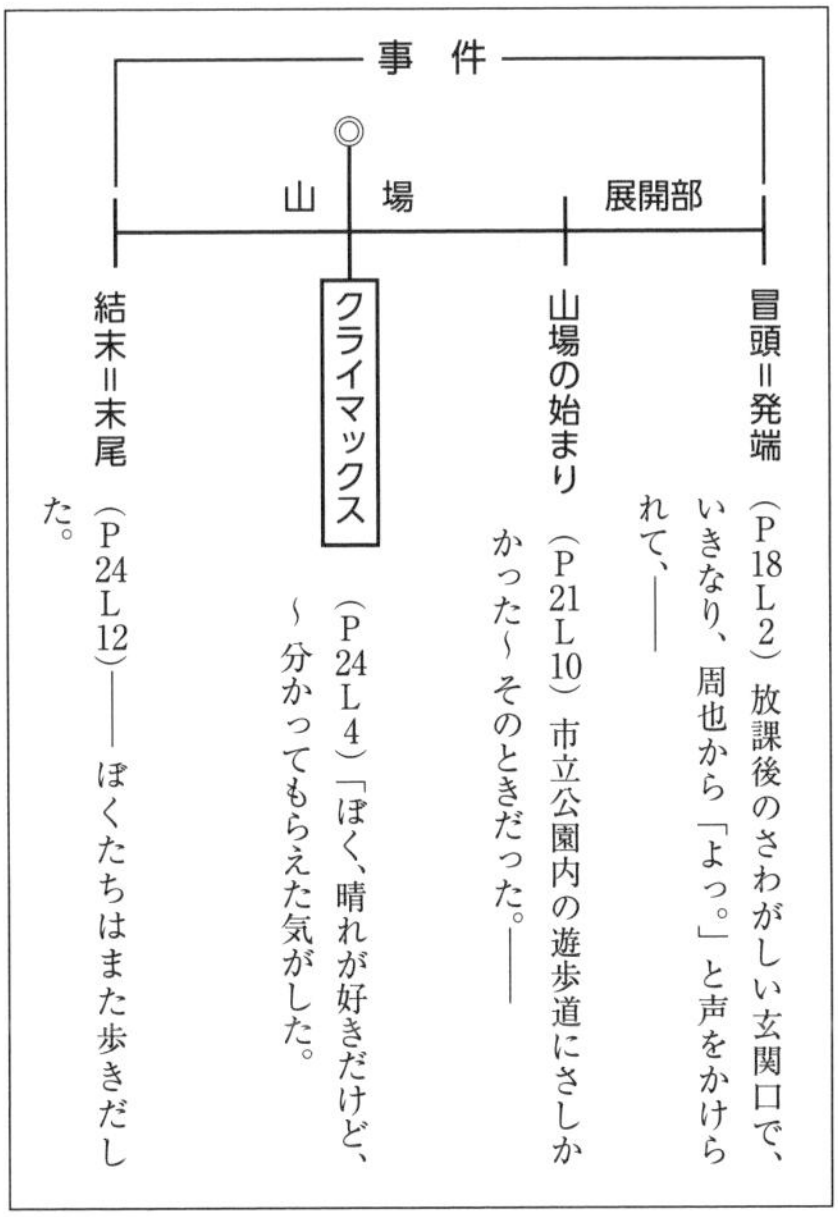
事件
◎
展開部
山場
冒頭＝発端
（P18 L2）放課後のさわがしい玄関口で、いきなり、周也から「よっ。」と声をかけられて、——
山場の始まり
（P21 L10）市立公園内の遊歩道にさしかかった～そのときだった。——
クライマックス
（P24 L4）「ぼく、晴れが好きだけど、～分かってもらえた気がした。
結末＝末尾
（P24 L12）——ぼくたちはまた歩きだした。

「2」周也の語りのプロット構造

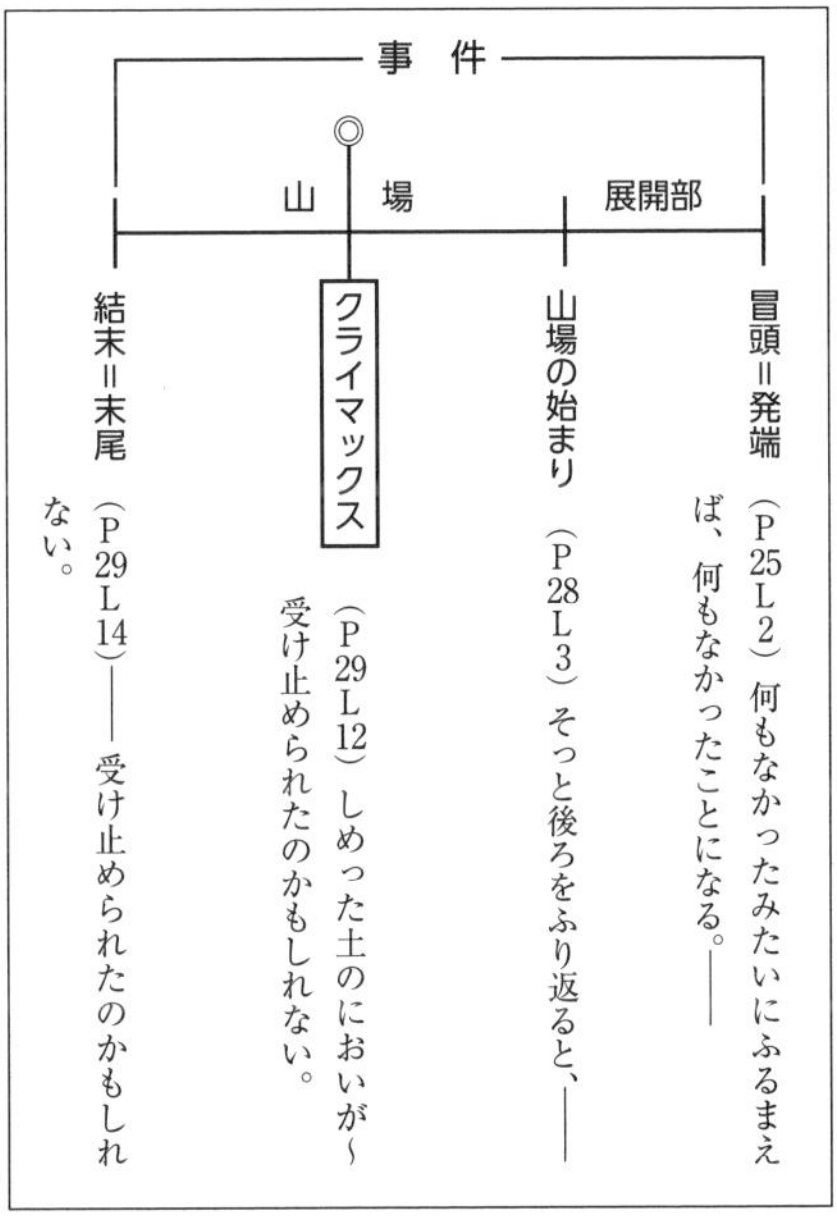
事件
◎
展開部
山場
冒頭＝発端
（P25 L2）何もなかったみたいにふるまえば、何もなかったことになる。——
山場の始まり
（P28 L3）そっと後ろをふり返ると、——
クライマックス
（P29 L12）しめった土のにおいが～受け止められたのかもしれない。
結末＝末尾
（P29 L14）——受け止められたのかもしれない。

二つのクライマックスだが、それらを比較すると、作品にとってより重い意味をもつクライマックスは、「2」のクライマックスである。「1」を受けて「2」のプロットがある以上、作品としては「2」のクライマックスで律・周也双方の変容・解決が見えてくるからである。

3 「帰り道」の形象――「1」律の語りと「2」周也の語りを比べる

形象よみでは、クライマックスを意識しながら鍵となる「事件の発展」に着目する。この作品では、律と周也それぞれの見方の発展・変容を取り出して読みを深めていく。特に律の見方と周也の見方が大きくずれるところが鍵となる。そして、二人のズレ（違い）を読み深める。

ここでは二か所に絞って、展開部の鍵を取り出して読んでいく。

(1) 「ふだんと変わらない」と「必死で話題をふっても」のズレ

二人が学校を出て歩き始めた箇所である。

「1」律は次のように思う（P19L10〜L12）。

> まるでなんにもなかったみたいに、周也はふだんと変わらない。ぼくだけがあのことを引きずっているみたいで、一歩前を行く紺色のパーカーが、どんどんにくらしく見えてくる。

それに対し「2」周也はこう思う（P25L2〜L5）。

> 何もなかったみたいにふるまえば、何もなかったことになる。そんなあまい考えをすてたのは、校門を出てから数分後、最初の角を曲がった辺りだった。どんなに必死で話題をふっても、律はうんともすんとも言わない。背中に感じる気配は冷たくなるばかり。やっぱり、律はおこってるんだ。そりゃそうだ。

律は、「まるでなんにもなかったみたいに、周也はふだんと変わらない。ぼくだけがあのことを引きずっているみたいで、」と思っている。冷静な周也、思い悩む自分（律）と対照的に捉えている。そして律はそれを「にくらしく」とさえ感じている。「一歩前を行く」は二人の物理的距離だが、自分だけが引きずっていると感じる心の距離や周也のほうが自分より早く成長していると感じる律の心を表している。また、「紺色のパーカー」が

「にくらしく見えてくる」という換喩を使って律が感じている周也の活発な人柄を表している。

一方周也は、「どんなに必死で話題をふっても、律はうんともすんとも言わない。背中に感じる気配は冷たくなるばかり。やっぱり、律はおこってるんだ。」と思っている。律の見方とは大きく違って、実は周也も「必死」な思いで律に働きかけようとしている。

こういったズレがこの作品の特徴である。実際の生活でも、こういったズレや誤解はある。それに苦しんだり悩んだりしながら、何とかしようともがく。その意味でこの出来事は律と周也の事件だが、高い典型性ももっている。

(2)「思っていることが、なんで言えないんだろう」と「ちんもくなんてちっとも気にせず」のズレ

山場で天気雨が降り出す直前の箇所である。

「1」の律は次のように思う（P20L14〜P21L9）。

> はぁ。声にならないため息が、ぼくの口からこぼれて、足元のかげにとけていく。どうして、ぼく、すぐに立ち止まっちゃうんだろう。思っていることが、なんで言えないんだろう。
> （中略）
> 考えるほどに、みぞおちの辺りが重くなる。

このとき「2」周也はこう思う（P27L8〜P28L2）。

> ぼくはこの静けさが大の苦手だった。
> 正確にいうと、だれかといるときのちんもくが苦手だ。たちまち、そわそわと落ち着きをなくす。何か言わなきゃってあせる。
> （中略）
> 律のほうはちんもくなんてちっとも気にせず、いつだって、マイペースなものだったけど。

律は、自分は「すぐに立ち止まっちゃう」「思っていることが、なんで言えないんだろう。」と思い悩む。「考えるほどに」とあるのだから、何度もそれを反芻し苦しんでいることがわかる。

しかし、周也は、そういう律を「ちんもくなんてちっとも気にせず、いつだって、マイペース」と全く違う見方をしている。それに対し自分は「静けさが大の苦手」

「ちんもくが苦手」「何か言わなきゃってあせる」と感じている。

大きなズレである。ズレの中で、互いに自分の弱さを強く感じ、何とかしたいと焦り苦しんでいる。

見方が違うと、同じことがここまで違って見えるということを鮮やかに表現している。これも、人間にありがちなことであり典型性を含む。

＊

以上のように二人のプロットの違い（ズレ）を比べて読み深めることで、通じ合えているように見える関係でも実はズレていたり、ズレていても大事なところでは一致したりするという、人と人との関係の有り様が見えてくる。私たちの実生活の中でもこういうことは起こっている。この作品はその典型性をリアルに伝えている。

それらのズレ（違い）を残しつつも、前述したとおり、クライマックスで「1」律「分かってもらえた気がした。」、「2」周也「初めて、律の言葉をちゃんと受け止められたのかもしれない。」と大きく重なる。

3 「帰り道」の吟味の読み

「帰り道」の作品の特徴を生かした吟味よみとして、次の学習課題が考えられる。

律の語りの「1」と周也の語りの「2」の順番を入れ替えると作品はどう変わるか

もちろん「1」と「2」を逆にしても、作品としては成り立つ。しかし、作品の醍醐味は薄れる。

まず周也の語りが示しているように、自身が抱える課題について克服すべきことをより意識的に自覚しているのは周也である。いつもは周也が言葉を発する側、律が受け止める側であったが、クライマックスでは律が発する側、周也が受け止める側に変わっている。コミュニケーションは「発する」→「受け止める」の順で行われるものなので、その順番からも、また周也が受け止めた上で、「返すこと」について考えていることからも、律→周也の語りの順番に必然性がある。

また、律のクライマックスは、今まで言えなかった自分の気持ちを言えたところであるのに対し、周也のクライマックスは、今まで受け止められなかった相手の言葉をきちんと受け止められたところである。二人の課題の解決の程度にはズレがある。つまり律の課題は比較的よくあるのに対し、周也の課題は意外性があり複雑である。律の悩みの方がおそらく一般的で多くの人が抱えているものであり、周也の悩みの方が少数派であろう。

さらに、律が勇気をふりしぼって伝えた思いについて、周也はそれを肯定的に捉え「ぼくは初めて、律の言葉をちゃんと受け止められたのかもしれない。」と語る。この周也の受け止めは、律や律のような読者にとって救いにもなる。

ただし、実際の授業では必ずしもそういう結論にならなくてもよい。本文を再読しながら、評価・吟味できればそれ自体に価値がある。

注

（1）小学校国語教科書『国語六』二〇一九年、光村図書

【編集委員紹介】

阿部　昇（あべ　のぼる）〔編集委員長〕

秋田大学名誉教授、東京未来大学特任教授。「読み」の授業研究会代表。日本教育方法学会理事、日本 NIE 学会理事。

〈主要著書〉『増補改訂版 国語力をつける物語・小説の「読み」の授業—「言葉による見方・考え方」を鍛えるあたらしい授業の提案』『物語・小説「読み」の授業のための教材研究—「言葉による見方・考え方」を鍛える教材の探究』『読解力を鍛える古典の「読み」の授業—徒然草・枕草子・平家物語・源氏物語を読み拓く』『文章吟味力を鍛える—教科書・メディア・総合の吟味』『アクティブ・ラーニングを生かした探究型の授業づくり—主体・協働・対話で深い学びを実現する』以上、明治図書、『あたらしい国語科指導法・六訂版』［編著］学文社、他。

鈴野　高志（すずの　たかし）

茗溪学園中学校高等学校教諭、立教大学兼任講師。「読み」の授業研究会事務局次長。

〈主要著書〉『国語の本質がわかる授業②ことばと作文』［編著］『国語の本質がわかる授業④文学作品の読み方Ⅰ』［編著］以上、日本標準、他。

永橋　和行（ながはし　かずゆき）

京都市立梅津小学校非常勤講師、大阪大学非常勤講師。「読み」の授業研究会事務局長。

〈主要著書〉『小学校国語科「言葉による見方・考え方」を鍛える物語の「読み」の授業と教材研究』［編著］『教材研究の定説化「おこりじぞう」の読み方指導』『教材研究の定説化「お母さんの木」の読み方指導』［共著］『総合的学習の基礎づくり3「学び方を学ぶ」小学校高学年編』［共著］以上、明治図書、他。

渡邊　絵里（わたなべ　えり）

福岡県久留米市立三潴中学校教諭。「読み」の授業研究会運営委員。

〈主要著書〉『国語授業の改革20　国語の授業で「対話的な学び」を最大限に生かす』［共著］『国語授業の改革21　「対話的で深い学び」を生み出す国語科の教材研究力』［共著］以上、学文社、他。

国語授業の改革22

「深い学び」を生み出す国語授業の発問・助言・学習課題

——指導言の切れ味が国語の学びの質を決める

2023年８月25日　第１版第１刷発行

「読み」の授業研究会［編］

（編集委員：阿部昇／鈴野高志／永橋和行／渡邊絵里）

発行者　田　中　千津子

発行所　株式会社　学　文　社

〒153-0064　東京都目黒区下目黒３-６-１

電　話　03（3715）1501㈹

ＦＡＸ　03（3715）2512

振　替　00130-9-98842

https://www.gakubunsha.com

印刷　新灯印刷㈱

ISBN 978-4-7620-3261-5